Generis
PUBLISHING

INTRODUCTION A LA GESTION DE PRODUCTION

LES FONDAMENTAUX D'APPROVISIONNEMENTS, DES STOCKS ET DE LOGISTIQUE

MUJINGA KAPEMBA Alain
NKASHAMA M. Jean-Claude

Title: **INTRODUCTION A LA GESTION DE PRODUCTION**

LES FONDAMENTAUX D'APPROVISIONNEMENTS, DES STOCKS ET DE LOGISTIQUE

ISBN: 979-8-88676-731-5

Author: MUJINGA KAPEMBA Alain, NKASHAMA M. Jean-Claude

Cover image: https://unsplash.com/

Publisher: Generis Publishing
Online orders: www.generis-publishing.com
Contact email: info@generis-publishing.com

INTRODUCTION

A LA GESTION DE PRODUCTION:

LES FONDAMENTAUX D'APPROVISIONNEMENTS, DES STOCKS ET DE LOGISTIQUE

MUJINGA KAPEMBA Alain

alainmujinga@gmail.com

Professeur Docteur

En collaboration avec

NKASHAMA M. Jean-Claude

Doctorant

Mars 2023

Présentation de l'auteur

MUJINGA KAPEMBA Alain

Né à Luiza (RDC), le 30/12/1986

Docteur en Sciences Economiques, Orientation, Economie Rurale de l'Université Protestante au Congo. Professeur dans plusieurs Universités en R. D. Congo. Domaine de recherche: Economie Rurale et de développement, Analyse des performances des unités décisionnelles, Enquête par sondage et Analyse des données quantitatives.

Il enseigne les cours ci-après: Méthode de Recherche Scientifique, Economie de Développement, Economie Rurale Générale, Gestion de la production,, Théorie et Pratique de Sondage, Théorie de la production et statistique agricole, Organisations coopératives et développement rural, Histoire des faits économiques, Théories et Doctrines économiques et sociale, Politique Agricole ainsi que Technique de recherche en économie rurale.

AVANT PROPOS

Ce manuel vise à amener les lecteurs et les praticiens à maitriser les concepts et outils de base de l'analyse du processus de la gestion de production et la logistique. Il présente dans une première partie les théories sur l'évolution du système de production et les concepts les différentes techniques et outils de la gestion de production ainsi que la gestion des approvisionnements et des stocks. Il expose aussi tous les concepts essentiels liés à la gestion de production: les modèles de gestion des stocks, appuyé par quelques cas pratiques. Dans sa deuxième partie, il présente les généralités sur la logistique d'entreprises, le lien entre la logistique et l'environnement économique ainsi que les enjeux de la logistique d'entreprise. Notons que les notes de ce manuel ne sont pas exhaustives, les lecteurs sont appelés à enrichir leurs connaissances sur les thèmes traités à travers une lecture personnelle et soutenu (Cfr Bibliographie).

Chapitre 1. GENERALITES SUR LA GESTION DE PRODUCTION

1.1. Définition et historique de la gestion de production
1.1.1. Définitions de la gestion de production

La production est le processus conduisant à la création de produits par l'utilisation et la transformation de ressources. Les opérations sont les activités composant le processus de production. Le terme «transformation» doit être entendu au sens large, puisqu'il recouvre la modification de la l'apparence, des propriétés physico-chimiques, de l'emplacement (transport), etc.

Nous pouvons définir **la gestion de la production** comme étant un processus d'obtention et d'utilisation des ressources en vue de produire des biens et services pour satisfaire les objectifs de l'organisation. L'organisation peut aussi bien être une industrie, un hôpital, une université, un supermarché…

Les ressources peuvent aussi bien être des machines, des intrants, des étudiants, des malades. Bien qu'au départ elle était essentiellement destinée à l'industrie. La gestion de la production, avec la croissance du secteur tertiaire s'est développée pour toucher tous les secteurs d'activité. Par conséquent la gestion de production désigne tout processus qui admet des inputs et utilise des ressources pour les changer en output.

Exemple:

1) Minoterie: Bleu……Machine, ouvriers, Savoir– faire…Farine de bleu
2) Hôpital: Malades…Personnel, Médicaments, Instruments…Guérison
3) Université: Etudiants…Enseignants, personnels, instruments…Diplômés

Par conséquent la gestion de la production est utilisable aussi bien pour les entreprises industrielles que pour les entreprises de service. Nous admettrons qu'une entreprise industrielle admet des inputs tangibles qui subissent une transformation physique pour devenir un output. Tandis qu'une entreprise de service admet des inputs tangibles ou non et les transforment en output avec changement du lieu ou du temps de disponibilité.

En Terminologie on pourra entendre parler de gestion de la production (GP), gestion des opérations et de la production (GOP), ou gestion des opérations (GO), mais nous retiendrons que ces 3 termes signifient rigoureusement la même chose.

1.1.2. Historique de la gestion de production

La Gestion de production constitue l'une des disciplines les plus anciennes de la gestion. Selon certains penseurs, ses origines remonteraient même à l'âge de la pierre. Cependant la version la plus partagée est que la GOP est réellement apparue à partir du 18ème siècle avec l'avènement de la révolution industrielle.

Elle s'est ainsi développée suivant plusieurs axes ou écoles de pensées, mais nous en retiendront principalement deux qui ont eu une influence certaine:

a) **Ecole scientifique:** elle se base sur la «logique de l'efficacité par l'utilisation d'observations scientifiques et des mathématiques. Les membres éminents de cette école sont F.W. Taylor avec ses recherches sur «l'étude des méthodes et des temps», Gilberth «Analyse des mouvements», Gantt «planification des activités» et Ford «chaines de production». Cette approche en gestion des opérations et de la production est très en vogue du fait du développement de la recherche opérationnelle et de l'informatique.

b) **Ecole humaniste:** elle s'intéresse à l'attitude de l'être humain face au travail et à ses interactions avec l'environnement c'est à dire à tout ce que l'école scientifique n'est pas en mesure de solutionner. Elle traite entre autres de la motivation au travail, de l'ergonomie (science du travail), de la santé et de la sécurité au travail avec des penseurs tels Mayo, Maslow. Elle est à l'origine de la création des organisations internationales comme l'OIT et le BIT.

1.2. Enjeux, fonctions et objectifs de la gestion de production
1.2.1. Enjeux de la gestion de production
1.2.1.1. Gestion de production, source de compétitivité

Depuis toujours, les entreprises ont eu besoin de gérer leurs productions pour imposer leur efficacité. Ainsi le rôle de la gestion de production est-il aussi ancien que l'entreprise elle-même.

On peut dater les premières réelles expériences en matière de gestion de la production au moment de la réalisation des premières pyramides égyptiennes. Ces grands chantiers ont permis les premières réflexions dans le domaine des approvisionnements, des ressources humaines mais aussi de la standardisation des tâches.

D'un point de vue très global, on s'aperçoit vite que pour être capable de fournir un produit ou un service à un client, l'entreprise doit être capable de mobiliser de nombreuses ressources (moyens de production, moyens de transport…), de nombreux intervenants internes ou externes à l'entreprise, des matières premières, des produits à acheter ou à fabriquer. Il faut mettre en œuvre un savoir-faire, dans un environnement souvent instable où l'on doit jongler avec les évolutions des monnaies, des législations, des variations climatiques…et tout ceci avec des contraintes de temps, de qualité et financières.

Pour être capable de produire sereinement un produit ou un service, il faut donc un minimum d'organisation et de gestion. L'objectif de la gestion de production est de gérer cette complexité, et un bon moyen de gérer la complexité consiste déjà à simplifier toute la complexité inutile.

La gestion de production est une source considérable de compétitivité. C'est ce qu'ont compris, sans doute avant d'autres, les meilleurs industriels de l'automobile tels que Toyota. Si fabriquer des produits de qualité est une condition nécessaire de compétitivité, ce n'est pas une condition suffisante. Il faut être capable de produire dans des délais très courts une grande variété de produits capables de satisfaire les clients. Pour être compétitif, il faut fabriquer le juste nécessaire, ne pas ajouter d'opérations inutiles, se focaliser sur ce qui apporte de la valeur ajoutée pour le client.

Et pourtant, dans une entreprise, avec la complexité des flux de produits et des flux d'informations, il se crée chaque jour des opérations, des stockages, un allongement des délais qui nuit à la compétitivité. Citons quelques éléments de compétitivité sur lesquels la gestion de production aura une influence considérable:

Le niveau des stocks: Ils représentent une masse financière immobilisée très importante, avec parfois des obsolescences, des péremptions, des déchets. Ils nécessitent des entrepôts qui coûtent cher. Nous chercherons à les diminuer, voire à les supprimer;

Les transports: Transporter un produit n'apporte pas de valeur ajoutée au client. Cela induit des délais, des coûts car il faut investir dans des moyens de transport. Là encore, l'objectif de la gestion de production sera de trouver une organisation capable d'optimiser, de diminuer voire de supprimer certains transports;

Les informations et les documents: Pour fournir un service ou un produit, il est nécessaire de disposer d'une masse d'informations souvent très importante qui se traduit par des documents ou des enregistrements informatiques.

Cette quantité d'informations, si elle n'est pas gérée avec attention va conduire à des erreurs, des doublons qui vont inévitablement aboutir à des erreurs sur les produits ou services.

Là encore, la gestion de production aura comme objectif de bien gérer les flux d'informations pour accroître la compétitivité.

Les enjeux de la gestion de production sont donc bien sûr financiers, mais aussi organisationnels. Ces enjeux ont beaucoup évolué au cours de ces dernières décennies.

1.2.1.2. Evolution des enjeux de la gestion de production

La perception de la gestion de production a beaucoup évolué au cours de l'histoire. Aujourd'hui, la gestion de la production se place au cœur de la stratégie de l'entreprise. **Pourquoi?** La réponse à cette question réside dans l'évolution des conditions de la compétitivité économique.

Depuis un passé récent (le milieu du 20ème siècle pour fixer les idées), on peut distinguer trois phases d'évolution dans l'environnement de l'entreprise. Selon son secteur d'activité, l'enchaînement de ces trois phases dans le temps peut être différent. La phase initiale représente une période de forte croissance avec un marché porteur, des marges confortables et une offre de biens inférieure à la demande. Il s'agit pour l'entreprise d'une période de sérénité où les fonctions essentielles sont techniques et industrielles. Il faut alors **produire puis vendre**.

Les principales caractéristiques de la production sont les suivantes: quantités économiques de production, stocks tampons entre les postes de travail, fabrication en série, délais fixés par le cycle de production, gestion simple et souvent manuelle.

Lorsque l'offre et la demande s'équilibrent, nous atteignons une deuxième phase où le client a le choix du fournisseur. Pour l'entreprise, il faut alors **produire ce qui sera vendu**. Il devient dans ce cas nécessaire de faire des prévisions commerciales, de maîtriser l'activité de production, d'organiser les approvisionnements, de réguler les stocks et de fixer les échéances.

Très rapidement, on passe à la phase suivante où l'offre excédentaire crée une concurrence sévère entre les entreprises face à un client devenu exigeant.

Cette compétitivité oblige l'entreprise à:

- La maîtrise des coûts;
- Une qualité irréprochable;
- Des délais de livraison courts et fiables;
- De petites séries de produits personnalisés;
- Un renouvellement des produits dont la durée de vie s'est raccourcie;
- L'adaptabilité à l'évolution de la conception des produits et aux techniques de fabrication…

L'entreprise tend désormais à **produire ce qui est déjà vendu**. Nous voyons apparaître des soucis de stratégie industrielle et de contrôle précis de la gestion. De plus, on y décèle des contradictions (prix-qualité, prix-petites séries…) qui nécessiteront des arbitrages pour obtenir une cohérence globale.

La phase que nous venons de décrire, dans laquelle se reconnaissent encore beaucoup d'entreprises, est sur le point d'être dépassée pour de nombreuses raisons.

Le challenge des prochaines décennies s'oriente vers des logiques beaucoup plus globales de réflexion interentreprises, voire même intergroupes. En effet, face à la situation actuelle qui impose une qualité encore meilleure, des délais toujours plus courts, une fiabilité accentuée, des coûts toujours plus bas, un temps de réponse au marché sans cesse amélioré, les entreprises se sont interrogées sur les progrès qu'elles pouvaient encore réaliser.

Les démarches juste-à-temps, qualité totale et *Lean Production* permettent aux entreprises d'améliorer leurs processus de production internes, parfois leurs processus d'approvisionnements directs et leurs processus de distribution directs.

La mise en place et la pratique généralisée de ces démarches ne vont plus suffire. Il faudra aller encore plus loin.

Demain, la problématique va s'orienter vers une amélioration globale, du fournisseur du fournisseur du fournisseur… jusqu'au client du client du client… en d'autres termes, du premier fournisseur dans le processus de réalisation du produit jusqu'au client ultime: le consommateur du produit. C'est ce que l'on appelle la logique *supply chain* ou plutôt: chaîne logistique intégrée, chaîne logistique étendue.

Cette démarche a pour objectif de travailler non seulement au niveau des maillons de la chaîne mais aussi et surtout au niveau des connexions entre ces divers maillons, pour optimiser la chaîne logistique.

1.2.1.3. Enjeux financiers de la gestion de production

La compétitivité se mesure d'abord par la capacité d'une entreprise à fournir un produit avec des coûts maîtrisés. En règle générale, chaque société possède des fournisseurs, des clients et crée **une valeur ajoutée** au niveau de ses produits. La valeur ajoutée est le moteur économique de la société, car elle permet:

- La fourniture de produits utiles aux clients;
- La création de richesses économiques;
- La distribution de ces richesses au personnel (salaires, intéressement aux résultats), aux fournisseurs (achats), aux collectivités (locales, régionales ou état, sous forme d'impôts, de taxes) et aux actionnaires (dividendes);
- Le financement du futur de l'entreprise (investissements, recherches et développements…), et la possibilité de faire face à des aléas conjoncturels extérieurs politiques ou économiques (comme un krach boursier).

Quels que soient le système politique et les opinions de chacun, la recherche de la pérennité condamne l'entreprise à rechercher un niveau de rentabilité suffisant, compte tenu à la fois de la compétitivité internationale de plus en plus agressive et des exigences croissantes du client.

L'aspect financier est un problème à deux dimensions. En effet, la situation financière dépend de:

- La quantité des moyens mis en place pour assurer la production (investissements, fonds de roulement);
- La durée du cycle de fabrication et d'utilisation des moyens (facteur temps).

La gestion de production va agir sur ces deux paramètres par:

- La diminution des stocks et en-cours, par différents moyens (fiabilisation de la demande et des approvisionnements, recherche d'une meilleure fiabilité des moyens de production, responsabilisation des personnes...) et différentes méthodes de gestion (MRP, KANBAN...);
- L'enchaînement des opérations par une meilleure implantation des moyens de production et un meilleur ordonnancement lancement-suivi de production;
- La diminution des tailles de lots de fabrication et des temps de changement de séries;
- L'amélioration de la chaîne logistique qui part des fournisseurs pour aller jusqu'à la livraison aux clients.

1.2.1.4. Enjeux organisationnels de la gestion de production

Que l'on soit intégré dans un projet de type *supply chain* ou non, l'objectif «produire ce qui est déjà vendu» reste l'objectif dominant. Pour y parvenir, l'entreprise se doit d'être au moins réactive voire proactive.

- **Être réactive**, cela signifie être capable de s'adapter très vite et en permanence aux besoins en produits de plus en plus variés, d'un marché mondial et fortement concurrentiel;
- **Être proactive**, cela signifie avoir la capacité d'influencer l'évolution du marché, donc d'y introduire des produits nouveaux avant les concurrents.

À cet effet, l'entreprise doit organiser sa production de manière à fabriquer des produits de qualité, avec une grande diversité et au plus juste coût. C'est l'enjeu organisationnel de la gestion de production, l'organisation doit donner de l'agilité à l'entreprise, lui fournir les capacités de réaction, d'adaptation en temps réel aux fluctuations du marché.

Dans ce contexte, le temps a une importance fondamentale. Il faut chercher à réduire tous les délais: d'approvisionnement, de fabrication et de livraison. Mais cela n'est pas suffisant; il faut aussi diminuer les temps de conception et mise à disposition du produit par utilisation de l'ingénierie simultanée, diminuer les temps de circulation et de mise à disposition de l'information, raccourcir les délais de prise de décisions…

Si l'organisation de l'entreprise nécessite un délai de conception de plusieurs années associées à un délai de production lui-même dépassant l'année, il est difficile d'imaginer que l'entreprise soit capable de s'adapter rapidement à une situation changeante.

L'organisation de la production est fondamentale. L'entreprise doit chercher dans le cadre de sa gestion de production à passer d'une logique de charges à une logique de flux. Il faut que les produits s'écoulent très rapidement pour parcourir l'ensemble du processus dans un temps très réduit. C'est vrai dans l'entreprise, mais également sur l'ensemble de la *supply chain*.

Dans un environnement changeant, il faut aussi être adaptatif. Pour cela, il est nécessaire de mettre en œuvre un processus continu d'améliorations qui consiste à induire une mobilisation constante de l'ensemble des forces de l'entreprise dans un but d'évolutions et de transformations à petits pas.

Ce sont là les enjeux organisationnels de la gestion de production. Organiser les flux de production, les flux d'informations pour que s'écoulent le plus rapidement possible les produits. Organiser la production pour être capable de s'adapter sans cesse aux perturbations du marché. Organiser les hommes qui sont les seuls capables d'apporter de la créativité, de l'innovation, pour soutenir l'amélioration continue.

1.2.2. Fonctions de la gestion de production

Toute entreprise, toute organisation privée ou publique, à but lucratif ou non doit offrir à une «clientèle» ou à un «public» donné des produits, biens ou services afin d'atteindre ses buts ou objectifs stratégiques.

Réaliser ces produits et les mettre à la disposition de leurs éventuels utilisateurs sont donc les principales activités de l'entreprise. Ainsi, on distinguer quatre (4) fonctions majeures dans une entreprise: la production (opérations), le marketing/commercial, la finance/comptabilité et le personnel.

Le marketing étudie les besoins du client, suggère à la production le type de produit susceptible de répondre aux besoins du client, cherche de nouveaux clients (publicité, promotions), vend les produits (canaux de distribution, emballage, qualité…);

La finance évalue les besoins financiers de l'entreprise et trouve les fonds nécessaires à la bonne marche de la production (investissement, fonctionnement…) et **la comptabilité** suit l'évolution de l'entreprise, indique aux opérations les dépenses engagées en fonction du budget (contrôle et suivi budgétaires);

Le personnel cherche des employés répondant aux exigences de l'entreprise (recrutement, licenciement …), les forme, les suit, les évalue…

Les opérations s'occupent des prévisions et de la planification du contrôle de la production, du contrôle des stocks, du contrôle de la qualité, de l'étude du travail, de l'aménagement de la manutention, de la circulation des produits, de la maintenance etc…

Pour bien comprendre l'importance relative de ces différentes fonctions de l'organisation, nous pouvons prendre l'exemple d'une voiture: Marketing (volant), Personnel (chauffeur), Finance (réservoir), Comptabilité (tableau de bord) et les Opération (Moteur).

Aucune de ces fonctions ne peut exister seule; seule leur bonne coordination permettra à l'organisation de fonctionner sainement et d'atteindre ses objectifs. Ainsi l'entreprise pourra être assimilée à un système (ensemble d'éléments interdépendants et inter - reliés).

1.2.3. Objectifs de la gestion de production

Les objectifs que doit se fixer tout responsable des opérations sont de produire la quantité et la qualité requises du bien ou service demandé, de respecter les délais et lieux de livraison ainsi que les coûts d'exploitation et d'offrir ces biens ou services à des prix compétitifs.

-   Produire des biens et services en demande: le service du marketing détermine les besoins des clients en quantité et qualité.

- Produire la quantité requise: satisfaire la demande des clients en produisant suffisamment, (mais pas trop pour éviter la mévente).
- Produire la qualité requise: fournir au client la qualité convenue (non nécessairement la meilleure) en fonction de sa capacité à payer (fonctionnalité – confort – prix raisonnable).
- Respecter les délais de livraison: un bien et un service ne sont utiles que s'ils sont disponibles au moment voulu
- Respecter les lieux de livraison.

L'interrelation entre les différentes fonctions de l'entreprise est montrée dans la figure suivante:

Figure n° 1: Interrelation des différentes fonctions d'entreprise

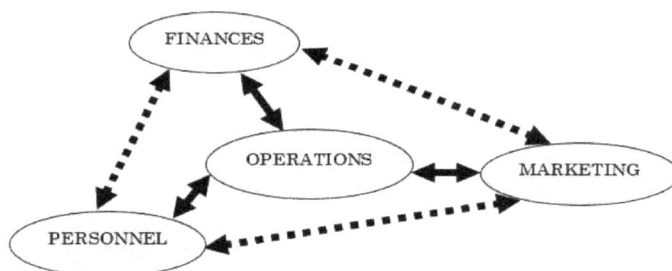

Source: Niang A, et Gueye, C., (2007).

1.3. Différentes dimensions de la gestion de production

Dans le terme «gestion de production», il faut entendre toutes les dimensions de l'entreprise qui participent à la production. Ainsi, gérer une production c'est: Gérer des matières, Gérer des ressources, Gérer des flux de produits et d'informations, et Gérer des hommes.

1.3.1. Gérer des matières

Pour être capable de livrer un produit fini, il faut disposer de matières premières, de pièces, de sous-ensembles, mais aussi de tous les produits nécessaires à la fabrication ou à l'assemblage et tous les éléments d'emballage. La liste de l'ensemble des éléments qu'il est nécessaire d'approvisionner pour fabriquer un produit fini est généralement donnée par la nomenclature.

La gestion de production de l'entreprise devra être capable de rendre les produits disponibles au moment où on en aura besoin. Elle devra être capable de stocker ce qui n'est pas nécessaire immédiatement. Gérer les matières c'est donc s'intéresser à la gestion des approvisionnements, à la gestion des stocks et à la gestion des données techniques.

1.3.2. Gérer les ressources

Un produit fini est fabriqué à l'aide de ressources qui peuvent être des moyens de production mais aussi des ressources humaines. Pour que ces ressources soient disponibles au moment prévu, il faut les gérer. Cette gestion des ressources a pour objectif d'équilibrer si possible les charges de travail avec les capacités des ressources. Cette gestion des ressources doit se faire à différents horizons avec des conséquences différentes.

- **Sur le court terme**, il faudra affecter les ressources disponibles et ordonnancer le travail à réaliser.
- **Sur le moyen terme**, on s'intéressera davantage à équilibrer les charges en prenant des décisions d'anticipation et de répartition du travail.
- **Sur le long terme**, on prendra des décisions plus stratégiques d'investissement ou d'embauche et de formation de personnel.

1.3.3. Gérer des flux de produits et d'informations

Quand on parle de gestion de production dans les entreprises, on fait constamment référence à des notions de flux: implantation en flux, flux poussés, flux tirés, flux tendus, flux logistiques…

La notion de flux est synonyme de mouvement, de circulation, d'évolution, de rapidité et donc d'efficacité. En gestion de production, on s'intéresse plus particulièrement aux:

- **Flux physiques:** approvisionnement, entrée et circulation des matières premières, des composants, des pièces de rechange, des sous-ensembles; circulation, sortie et distribution des produits finis;

- **Flux d'informations:** suivi des commandes, des ordres de fabrication, des données techniques, des heures de main-d'œuvre, des heures machines, des consommations de matières, des rebuts…

Les flux physiques sont souvent la conséquence de l'organisation des postes de production. Les flux d'informations sont eux la conséquence de l'organisation du système d'information. Mais aussi de la façon dont on décide de gérer les flux physiques.

La préoccupation majeure de la gestion de production étant la **satisfaction des clients**, celle-ci se doit de chercher à maîtriser ses flux. À cette fin, elle doit:

- Simplifier les flux physiques en supprimant les opérations non génératrices de valeur vendable au sens valeur utile pour le client (par réimplantation des moyens de production);
- Fluidifier et accélérer les flux physiques en évitant les pannes machines, en diminuant les temps de changements de série, en améliorant la qualité des pièces, en développant la polyvalence des hommes, en développant le partenariat avec les fournisseurs et les distributeurs, en maîtrisant les flux de transports externes des produits…
- Simplifier et synchroniser les flux d'informations avec les flux physiques.

Cette simplification passe par une réflexion globale sur le système de production.

1.3.4. Gérer des hommes

L'influence technologique est dominante dans la fonction production mais le facteur humain dont dépendra toute la réussite du projet d'entreprise reste fondamental. Il intéresse au premier chef le gestionnaire de production, au carrefour de multiples informations et instructions, qu'il reçoit et qu'il communique à de nombreux utilisateurs.

Le système de production ne fonctionnera correctement qu'avec des informations rapides et fiables, un respect rigoureux des consignes et procédures, des initiatives et réactions individuelles en cas d'anomalie ou d'écart par rapport à la prévision.

En d'autres termes, la gestion de la production ne peut jamais être l'affaire exclusive de quelques experts, mais au contraire, elle a besoin de la participation active de nombreuses personnes placées dans la plupart des secteurs de l'entreprise.

Cette collaboration effective ne peut pas être obtenue dans un contexte de mauvais fonctionnement des relations de travail, quelles qu'en soient les causes: climat social, ambiance, structure et organisation du travail. Aussi, la gestion de production doit impérativement être mise en œuvre par des personnes motivées, réactives, responsabilisées et formées. C'est aujourd'hui une nécessité pour toutes les entreprises à la recherche de l'excellence industrielle face à la vive compétition internationale.

L'organisation classique de la production était fondée sur la division du travail, la spécialisation des tâches, la centralisation des responsabilités et la hiérarchisation des compétences. Cette production de masse parcellisée fait place, chaque jour davantage, à des structures plus souples en petites équipes, ou à des individus, réalisant des tâches plus complexes et moins répétitives. Cette restructuration du travail implique une polyvalence et une poly-technicité accrue nécessitant la formation du personnel. Le rôle de la hiérarchie tend à évoluer vers plus d'animation et de conseil, dans le but d'accroître la motivation de l'ensemble du personnel, améliorant productivité, qualité, sécurité…

1.4. Principales organisations de la production

Chaque entreprise est unique par son organisation et par la spécificité des produits qu'elle fabrique. Cependant, on peut réaliser une classification des entreprises en fonction des critères suivants:

- Quantités fabriquées et répétitivité;
- Organisation des flux de production;
- Relation avec les clients.

Ces critères ne sont bien sûr pas exhaustifs, mais ils permettent de bien cerner le type d'une entreprise. Une typologie de production est fondamentale, car elle conditionne le choix des méthodes de gestion de production les plus adaptées. Cette analyse est donc un préalable indispensable à tout projet de mise en place ou de restructuration d'une gestion de production.

Remarquons qu'en fait, toute entreprise est une juxtaposition des différents types que nous décrirons et qu'elle sera par conséquent amenée à mettre en place diverses approches.

1.4.1. Classification selon les quantités fabriquées et répétitivité

La première différence notable entre les entreprises concerne bien sûr l'importance des productions. Les quantités lancées peuvent être en:

- Production unitaire;
- Production par petites séries;
- Production par moyennes séries;
- Production par grandes séries.

Notons que les nombres liés aux notions de petit, moyen et grand sont sensiblement différents suivant le produit concerné. On peut donc établir le tableau croisé suivant:

Tableau n° 1: classification quantité/répétitivité

	Lancements répétitifs	Lancements non répétitifs
Production unitaire	• Moteur de fusée • Pompes destinées au nucléaire	• Travaux publics • Moules pour presses • Paquebots
Petites et moyennes séries	• Outillage • Machines-outils	• Sous-traitance (mécanique électronique) • Préséries
Grandes séries	• Électroménager • Automobile	• Journaux • Articles de mode

Source: Pillet, M, et al., (2011)

1.4.2. Classification selon le type d'implantation

Les entreprises sont organisées de façon très différente selon les choix d'organisation qui ont été faits et le type de produit réalisé. Citons cependant les trois grands types d'implantation:

L'implantation en continu. Dans ce type d'implantation, les ressources sont implantées les unes à proximité des autres dans l'ordre du besoin pour la réalisation du produit. Ce type d'implantation est parfaitement adapté aux grandes séries pour lesquelles la diversité des produits est maîtrisée ou aux entreprises de process comme la chimie, les cimenteries…

L'implantation par atelier, discontinu. Dans ce type d'implantation, les moyens sont regroupés par ateliers souvent rassemblés autour d'un métier. Les produits sont transportés d'un atelier à l'autre, entraînant des flux complexes. En revanche, ce type d'implantation est extrêmement flexible sur la variété des produits que l'on peut réaliser;

L'implantation par projet. Dans ce cas, le produit est en général fixe et ce sont les moyens qui sont transportés vers le projet. C'est le cas de la construction d'un bâtiment ou d'un avion.

Bien sûr, chacune de ces implantations a ses avantages et ses inconvénients.

Des mixtes entre ces différentes approches peuvent être envisagés, et il reviendra au gestionnaire de production de faire le meilleur choix pour satisfaire les contraintes de flexibilité et de délai.

1.4.3. Classification selon la relation avec le client

Dans la classification selon la relation avec le client, on distingue trois types de production et de vente:

- La production puis vente sur stock;
- La production à la commande;
- L'assemblage à la commande.

1.4.3.1. Production puis vente sur stock

Le client achète des produits existant dans le stock créé par l'entreprise. On retient ce type de production pour deux raisons principales:

- Lorsque le délai de fabrication est supérieur au délai de livraison réclamé ou accepté par le client (poste de radio, vêtement de confection…). Il faut alors produire à l'avance pour satisfaire le client en s'appuyant sur des prévisions;

- Pour produire en grande quantité et ainsi diminuer les coûts (tirage d'un livre en 5000 exemplaires).

1.4.3.2. Production à la commande

La production à la commande ne peut commencer que si l'on dispose d'un engagement ferme du client. On évite alors (sauf cas d'annulation), le stock de produits finis. Ce type de production est préférable au type «vente sur stock», car il conduit à une diminution des stocks, donc des frais financiers.

Ainsi aura-t-on tout intérêt à choisir ce type de production lorsque cela sera possible, c'est-à-dire lorsque le délai de mise à disposition correspondant au délai de production est accepté par le client. Cette organisation est obligatoire pour les produits non standards.

1.4.3.3. Assemblage à la commande

Ce type de production se situe entre les deux premiers. On fabrique sur stock des sous-ensembles standards. Ces sous-ensembles sont assemblés en fonction des commandes clients. Cette organisation donne la possibilité de réduire de façon importante le délai entre la commande et la livraison d'un produit. En effet, le délai apparent est réduit à l'assemblage des sous-ensembles. Cette organisation réduit la valeur des stocks et permet de personnaliser les produits finis en fonction des commandes clients (personnalisation au plus tard).

Il est évident qu'une entreprise a tout intérêt à ne produire que ce qui lui est commandé. Pour cela, il faut que son délai de production soit inférieur au délai acceptable par le client. Si le délai client est trop court pour pouvoir produire à la commande, alors on s'orientera vers l'assemblage à la commande ou, en dernier ressort, vers la production puis vente sur stock.

1.5. Systèmes de gestion des opérations et de la production

Il en existe actuellement plusieurs; nous en distinguerons principalement les suivants:

- L'approche Japonaise «Juste à Temps»;
- Le système des cartes ou Toyotisme;
- Le système «plan d'affaires».

1.5.1. L'approche japonaise «Juste à Temps»

Cette approche vise deux objectifs: améliorer la productivité, améliorer la qualité. L'amélioration de la productivité porte sur les opérations directes de fabrication mais concerne surtout les opérations sans valeur ajoutée telles que le contrôle, les rebuts, le stockage, la manutention. L'amélioration de la qualité est un souci constant de l'ensemble du personnel: chaque poste de travail effectue son propre contrôle et élimine les articles défectueux. Ces derniers n'atteignent donc que rarement les postes en aval (assemblage, montage) et jamais l'utilisateur final.

1.5.1.1. Principes du J.A.T

Nous comptons 4 principes du J.A.T; à savoir:

-   Toute action en atelier ne doit être entreprise qu'au moment même où un besoin réel est exprimé. Ce qui permet d'obtenir les seuls composants nécessaires, à l'endroit d'utilisation et au moment opportun, d'où une diminution sensible des stocks et des encours.
-   Toute production discontinue devra être si possible transformé en une production continue, ce qui permet de réduire fortement les cycles d'obtention (diminution ou annulation des files d'attente, des encours, des temps de préparation et de manutention).
-   L'existence d'un stock est considérée comme une aberration, car c'est une perte financière et une occupation inutile d'espace.
-   Lorsqu'un objectif est atteint, il ne faut pas s'en contenter: on doit poursuivre son effort en fixant un nouvel objectif plus ambitieux. Ce qui permet d'améliorer en permanence la productivité et la qualité des produits

1.5.1.2. Caractéristiques du J.A.T

Ce système de gestion n'est pas une méthode, mais une manière de pensée qui se fonde sur l'élimination systématique du gaspillage, ce qui se traduit par les trois actions suivantes:

-   Eliminer les taux de rebuts excessifs, les pannes de machines, les temps de manutention et de transit.
-   Diminuer massivement les temps de préparation et les tailles de lots afin que la quantité économique soit la plus proche possible de l'unité.

- Réduire fortement les stocks et les encours.

Dans ce système de gestion, l'usine est comme un vaste magasin avec des flux de matières parfaitement connus. Les fournisseurs et les sous-traitants sont considérés comme des partenaires. Les décisions sont décentralisées pour confier plus de responsabilités aux ouvriers qui se trouvent ainsi engagés dans la réalisation des besoins de l'entreprise, ce qui encourage l'esprit d'équipe. Les caractéristiques du J.A.T et les principes qui le régissent peuvent s'appliquer à toutes les entreprises quelque soient leur taille et leur type de fabrication.

1.5.1.3. Mise en œuvre du J.A.T

Elle est basée sur les huit principes suivants: Zéro défaut; Zéro panne; Zéro temps de réglage; Zéro taille de lot; Zéro manutention; Zéro file d'attente; Zéro rupture; Zéro cycle d'obtention.

«Zéro» ne doit pas être pris dans son sens strict, mais considéré comme un objectif ambitieux dont il faut se rapprocher. Ceci ne peut se concevoir que si des actions de formation et de sensibilisation à ces objectifs sont initiées en permanence.

1.5.2. Le Système des cartes

Parfois connu sous le nom du système Kanban ou Toyotisme, c'est une application pratique du J.A.T développé par la firme Toyota. Le Toyotisme est une méthode de management de la production ou d'organisation du travail crée après la défaite des Japonais face aux Américains lors de la seconde Guerre mondiale en 1962 qui souhaitaient relancer leur économie.

Cette création est l'œuvre de l'ingénieur Japonais Taiichi Ono et le fondateur de Toyota Sakichi Toyoda. Le Toyotisme est appliqué ensuite chez Toyota où il est rebaptisé système de production de Toyota (SPT). Ces derniers s'inspirent de la pensée de Henry Ford sur le Fordisme.

Le système d'organisation prôné par le Toyotisme permet un décloisonnement des fonctions, des responsabilités et favorise la reconnaissance psychologique des travailleurs ainsi que leur implication dans la vie de l'entreprise. Il fait participer tous les employés pour améliorer la production.

1.5.2.1. Une gestion de l'entreprise basée sur l'efficacité

Le Toyotisme vise à améliorer l'efficacité de la production en se reposant sur plusieurs grandes pratiques. Ces pratiques reposent sur l'amélioration de la gestion des flux et des stocks avec souvent l'application du zéro stock pour éviter le gaspillage et adapter l'offre aux résultats des ventes, mais aussi sur le zéro défaut et le zéro délai. En produisant quasiment à la demande, le Toyotisme favorise le flux tendu.

La deuxième grande idée du Toyotisme est l'amélioration continue, avec l'implication de tout le personnel dans l'optimisation des délais, de l'organisation et de la qualité. L'idée étant de maintenir une qualité irréprochable tout en considérant l'avis des opérateurs qui participent aux diagnostics des problèmes et à leur résolution.

Enfin, le Toyotisme est aussi une organisation de l'espace avec une grande importance appliquée au rangement et à l'organisation de l'espace de travail pour renforcer l'efficacité.

1.5.2.2. Le système de production de Toyota

Chez Toyota, le Toyotisme s'oriente davantage vers le «learn manufacturig», qui signifie littéralement «fabrication maigre». Concrètement, les pièces détachées sont approvisionnées à un moment précis et à un lieu précis, en quantité suffisante mais sans gaspiller.

Le SPT favorise la synchronisation du flux avec le rythme de montage (J.A.T) et l'autonomisation des machines équipées d'n dispositif d'arrêt simples. Le SPT suppose aussi un système d'étiquettes pour indiquer le nombre de pièces à produire ou à livrer et limiter le papier (Kanban), ou encore un cercle de qualité réunissant opérateurs et cadres pour traiter les questions de qualité, maintenance mais aussi sécurité.

Enfin, le Kaizen est le grand principe du système de production de Toyota. Il fait référence à la responsabilisation des équipes chargées de définir les temps standard de production et de se répartir les diverses opérations de fabrication d'un produit pour travailler plus efficacement et plus rapidement.

1.5.3. e système plan d''affaires

```
┌─────────────────────────────────────────┐
│              PLAN D'AFFAIRES              │
└─────────────────────────────────────────┘
                    ⇩
┌─────────────────────────────────────────┐
│              PLAN MARKETING               │
└─────────────────────────────────────────┘
                    ⇩
┌─────────────────────────────────────────┐
│        PLAN INTEGRE DE PRODUCTION         │
└─────────────────────────────────────────┘
                    ⇩
┌─────────────────────────────────────────┐
│       PLAN DIRECTEUR DE PRODUCTION        │
└─────────────────────────────────────────┘
                    ⇩
┌─────────────────────────────────────────┐
│           PLAN BESOIN MATIERE             │
└─────────────────────────────────────────┘
                    ⇩
┌─────────────────────────────────────────┐
│                  ACHATS                   │
└─────────────────────────────────────────┘
```

Certains utilisent l'appellation S.B.C (Strategic Business Planning) ou B.R.P (Business Requirement Planning). Il utilise les techniques du M.R.P (Materials Requirement Planning) et du C.R.P (Capacity Requirement Planning). Il fonctionne suivant une structure verticale présentée ci-dessus.

1.6. Rôles du gestionnaire des opérations

Dans l'entreprise le gestionnaire des opérations est avant tout le gestionnaire de la technologie. Une technologie consiste à la fois à un ensemble de méthodes, de procédures, d'équipements et même d'approches utilisés pour fournir un service ou produire un bien. On peut donc la définir comme un regroupement de trois sous-ensembles distincts: l'équipement, les méthodes et procédures et le savoir-faire. Les deux premiers sont étroitement liés au dernier qui les domine cependant.

La technologie est donc un système d'éléments et d'activités inter-reliés. Mais elle est malheureusement associée trop souvent à quelque chose qu'il vaut mieux laisser à des spécialistes par beaucoup de gestionnaires qui la craignent parce que ne la comprenant pas. Ceci constitue un obstacle majeur à surmonter.

Il est difficile de définir avec précision le champ de connaissances technologiques qu'un gestionnaire des opérations doit posséder, car elles varient selon l'industrie ou même selon les caractéristiques propres à une entreprise donnée. Cependant, il est établi que beaucoup de gestionnaires n'ont pas franchi les échelons qu'ils auraient dû du fait d'un manque de connaissance, d'habilité ou de confiance en soi nécessaire pour gérer efficacement la technologie utilisée dans leur entreprise.

Les gestionnaires doivent chercher à gérer la technologie plutôt qu'à simplement l'utiliser. Ceci implique une prise en compte des différentes facettes d'une situation, entre autres l'aspect humain. La gestion de la technologie constitue donc un défi parce qu'elle nécessite une recherche d'équilibre entre les aspects humains, stratégiques et techniques. L'aversion de certains gestionnaires vis-à-vis de tout ce qui est technique se transforme en aversion technologique parce qu'ils confondent la nature de la technologie et ses aspects opérationnels et matériels.

Comment donc un gestionnaire peut-il espérer gérer efficacement une entreprise à contenu technique si toute forme de technologie le rebute? Il est nécessaire pour tout gestionnaire de se familiariser avec la technologie employée dans son milieu de travail, même si cet effort lui demande un investissement de temps parfois appréciable. Les causes principales de cette aversion sont que beaucoup de gestionnaires croient:

- Qu'il est préférable de confier tous les aspects techniques à des ingénieurs;
- Que plusieurs années soient nécessaires avant qu'il ne soit aptes à bien comprendre le fonctionnement d'une technologie;
- Que seuls des ingénieurs sont en mesure de prendre les décisions appropriées en technologie;
- Qu'il est préférable de garder ses distances afin de ne pas paraître ignorants dans ce domaine;
- Qu'un bon gestionnaire ne doit pas s'attarder aux détails.

Ces arguments doivent être écartés. Le gestionnaire doit être suffisamment familier avec le processus de transformation des matières premières en produits finis, sans qu'il soit dans l'obligation de saisir en détail la transformation.

Il doit être en mesure de répondre à des questions telles: Qu'est-ce qui fait qu'une étape du processus est efficiente? Où y va-t-il des stocks importants de produits encours et pourquoi? Quel est l'impact de l'utilisation du type de technologie actuel plutôt que d'un autre?

Ces questions correspondant à des aspects de gestion essentiels, le gestionnaire, pour y répondre adéquatement devra nécessairement en comprendre la base, c'est-à-dire le système opérationnel et la technologie qui lui est sous-jacente.

Chapitre 2. EVOLUTION DES SYSTEMES DE PRODUCTION

2.1. Introduction

Plus d'un million de voitures rappelées par Toyota! Le premier constructeur automobile mondial fait face à une crise touchant son système de qualité qui est l'un des piliers de son système de production. Or, les exigences du consommateur tendent vers des produits à meilleur rapport qualité/prix.

C'est pourquoi, les entreprises se doivent de fabriquer à moindre coût et dans les meilleurs délais des biens ou services dont la demande est susceptible d'évoluer et dont les caractéristiques sont multiples.

Ainsi, elles s'efforcent de trouver le meilleur système de production correspondant à l'ensemble du processus grâce auquel elles produisent un bien ou un service apte à satisfaire une demande à l'aide de facteurs de production acquis sur le marché.

L'évolution du marché qui s'est fait depuis les années 1920 nous conduit à nous interroger sur l'influence qu'a pu avoir ces transformations progressives sur les différents systèmes de production.

Ainsi nous allons nous poser la question: dans quelle mesure l'environnement va-t-il influencé les systèmes de production? cette question nous pousse à passer en revue les différents systèmes de production ci-dessous:

2.2. Ecole Classique

2.2.1. Le Taylorisme
2.2.1.1. Contexte

Au début du 20ème siècle, Taylor F.W., introduit l'organisation scientifique du travail OST) encore appelé taylorisme comme un système de production innovant permettant une augmentation importante de la productivité. En effet, on se trouvait à cette époque dans une économie de rareté c'est-à-dire que la demande était largement supérieure à l'offre, celle-ci ne pouvant être satisfaite car le système de production artisanal ne le permettait pas. Celui-ci permet de répondre à une demande variée mais pas forcément assez rapidement.

Taylor décide donc d'étudier le comportement des ouvriers c'est-à-dire à observer les ouvriers, à décomposer leurs gestes, à les chronométrer, afin de pouvoir déterminer les meilleurs gestes à effectuer en moins de temps possible pour permettre une augmentation de la productivité afin de répondre à la demande élevée. Il introduit donc la notion de division du travail qui va permettre aux ouvriers d'effectuer des gestes plus rapidement et plus efficacement sans pour autant augmenter la fatigue.

2.2.1.2. Fréderic Winslow Taylor

Taylor F.W., était un ingénieur américain qui a mis en application l'organisation scientifique du travail (OST), qui est la base de la révolution industrielle du siècle. Ayant commencé en tant qu'ouvrier dans une usine, il comprend donc d'où viennent les difficultés d'amélioration de la productivité et lui permet donc d'approfondir ses recherches afin d'y remédier.

De plus, il estime anormal d'avoir d'énormes conflits sociaux dans les usines à cause de la mauvaise répartition du profit réalisé.

Ainsi, il se dit donc qu'en augmentant la productivité, ce problème du partage de la valeur ajoutée ne se posera plus. Ainsi naît donc l'organisation scientifique du travail avec une innovation qui est la division verticale du travail c'est-à-dire une stricte séparation de la conception des tâches par les ingénieurs et leur exécution par les ouvriers.

2.2.1.3. Le principe de l'Organisation Scientifique du Travail

L'organisation scientifique du travail repose essentiellement sur des points principaux. En effet, pour pouvoir augmenter la productivité de ces entreprises, il préconise:

Une division du travail pour obtenir des tâches simples et optimales pour tous. Ceci passe par deux visions différentes mais complémentaires;

Une vision verticale fondée sur la séparation conception/exécution c'est-à-dire que la direction conçoit et décompose les tâches que les ouvriers n'auront plus qu'à exécuter en suivant la formation reçue par les ingénieurs. Ceux-ci ne sont pas là pour penser mais juste pour faire ce qu'on leur demande.

Une vision horizontale qui préconise une parcellisation des tâches c'est-à-dire que le travail est décomposé en tâches élémentaires confiées chacune à un ouvrier spécialisé. On cherche alors à déterminer la technique la plus optimale de production. Les ingénieurs étudient donc les moindres mouvements des ouvriers, les chronomètrent, vérifient les meilleurs outils permettant de réaliser cette tâche. Ceci permettant une réduction considérable de la perte de temps inutile.

Une rémunération des ouvriers au rendement obtenu c'est-à-dire que le salaire est fonction du nombre de pièces produites par chaque ouvrier. Ainsi, on a une augmentation des salaires considérables (de 2 à 3$ la journée à 5$) car il existe une productivité plus efficace donc forcément un meilleur rendement. Son but étant ici une redistribution équitable des gains de productivité afin de permettre aux ouvriers d'accéder plus facilement à la société de consommation mais aussi pour éviter les conflits sociaux au sein de l'usine.

La recherche de «the one best way» qui représente une méthode de travail optimale pour chaque ouvrier et donc un rendement optimal. Cette méthode permet d'assurer une fatigue moindre aux ouvriers et donc une juste journée de travail. De plus, elle permet également de réaliser des économies en: éliminant des gestes inutiles et formations car celles-ci ne consistent qu'en l'exécution de tâches simples.

Le but principal de ce système de production étant l'accroissement de la productivité, Taylor étudie donc les éléments pouvant être un frein à ce développement et l'on en constate deux:

a) Flânerie:

Il se rend compte que les ouvriers ne sont pas au maximum de leurs capacités et donc que le rendement pourrait être meilleur. Il en existe deux types:

Flânerie naturelle: elle représente le fait qu'au bout d'un certain moment, les ouvriers sont fatigués à force de répéter les mêmes gestes et ainsi le rendement diminue. Celle-ci est impossible à contrôler et peut juste être corrigé par des conditions de travail moins rudes;

Flânerie systématique: celle-ci est plus nuisible à l'accroissement du rendement car elle est délibérée. C'est lorsqu'un ouvrier en fait moins qu'un autre et pourtant gagne le même salaire. Celui-ci va donc aussi en faire moins en se disant qu'il peut faire moins d'efforts et pourtant avoir les mêmes revenus. Il y'a donc l'installation d'une flânerie systématique. Elle est plus facilement contrôlable. Taylor va donc mettre en place le système de maîtrise des coûts opératoires. Elle consiste à mesurer de manière précise le temps imparti à chaque tâche. Pour lui, il ne sert à rien d'essayer de persuader les ouvriers de produire, mais il faut plutôt trouver un moyen incitatif à une meilleure production; celui-ci étant le salaire. C'est pourquoi il propose une rémunération en fonction du rendement obtenu.

b) Les méthodes de travail inappropriées

Il remarque que les conditions de travail ne sont pas appropriées car les ouvriers sont obligés d'effectuer des tâches à un rythme excessivement rapide. De plus, ils ne sont que de simples exécutants et donc le travail devient inintéressant.il propose donc un travail où les tâches sont variées.

Les conditions de travail inhumaines vécues pendant la crise de la fin des années 1930 dont l'illustration des «Les temps modernes» de «Charlie Chaplin» est parfaite ne doivent en aucun cas être assimilé au système de production de Taylor.

En effet, ce n'est qu'une exagération de cette méthode par les manageurs car elles leur permettaient de gagner plus en dépensant moins.

Pour résoudre ces problèmes, il va créer un système de management avec quatre principes:

(1) La responsabilité de mise au point des techniques d'exécution du travail appartient à la direction laissant ainsi celle de perfectionnement des outils et des conditions de travail aux ouvriers;
(2) Une sélection des ouvriers est effectuée pour suivre un entraînement et ainsi se spécialiser progressivement;
(3) Les ouvriers doivent suivre les instructions données sur la façon d'exécuter leur travail;
(4) Un partage équitable des tâches est alors effectué entre les ouvriers et les membres de la direction

Ces règles permettent ainsi la mise en application de certains concepts tels que les temps opératoires et la gestion du personnel. En effet, l'application des techniques mises au point par la direction permet ainsi de pouvoir fixer le salaire sur le rendement de chaque ouvrier.

De plus, il a instauré la notion de «**juste journée de travail**» qui permet aux ouvriers d'effectuer leur travail sans se fatiguer excessivement et donc d'accepter plus facilement ces conditions de travail. En outre, il introduit la notion de «first class man» qui représente l'individu en parfaite adéquation avec la tâche qu'il accomplit.

Pour lui, il faut donc rechercher le first class one pour chaque tâche à effectuer qui sera le plus à même de l'effectuer. Il pense aussi que la rémunération au rendement est non seulement un moyen incitatif pour les ouvriers mais aussi une manière de leur faire accepter les changements de méthodes de travail. Ces règles vont permettre aux ouvriers d'effectuer leurs tâches dans des conditions optimales et donc d'avoir un rendement le plus efficace possible.

Henry Ford a ensuite repris les études de Taylor afin de les appliquer dans les entreprises. Il a ainsi rajouté quelques concepts supplémentaires à ceux de Taylor créant ainsi le fordisme. Son but étant aussi un accroissement de la production face à la crise du début du 20ème siècle avec une mécanisation de plus en plus importante.

2.2.1.4. Sa mise en œuvre, le fordisme:

Une méthode qui complète les propositions de Taylor. Henry Ford applique les principes de l'organisation scientifique du travail toutefois en y apportant certaines améliorations. En effet, il innove de l'ost car fixe l'ouvrier à son poste de travail. Le fordisme est un procédé de travail à la chaîne et est une composante du taylorisme. Il est utilisé dans une économie de pénurie c'est-à-dire que la demande est largement supérieure à l'offre ainsi l'accroissement de la productivité devient l'objectif premier. Ford crée donc le fordisme en 1913 en conjuguant le taylorisme et l'augmentation de la mécanisation. Le but pour lui est, tout comme Taylor, l'augmentation de la productivité en rationalisant le travail mais aussi en mécanisant autant que possible. Il décide donc de créer une production de masse afin de répondre à la demande croissante. Pour cela, il utilise certains principes tels que:

- **Standardisation des produits:** afin de pouvoir produire à grande échelle, il développe le travail à la chaîne. Il y a une différence ici avec le taylorisme car il y a fixation des ouvriers à leur poste de travail et donc une diminution du moindre temps mort. Les postes deviennent interdépendants contrairement au taylorisme. De plus, il y a une certaine cadence assez soutenue qui s'instaure et donc des conditions de travail beaucoup plus difficiles pour les ouvriers. En revanche, ceci va entraîner un gain de productivité supplémentaire et une diminution des coûts unitaires de production.

- **Augmentation des salaires:** afin de pouvoir rentabiliser les investissements, il faut une production de masse et donc pouvoir trouver des débouchés suffisants. Pour cela, il décide donc d'augmenter le pouvoir d'achat en augmentant les salaires des ouvriers mais aussi en baissant les prix et ainsi créer une consommation de masse. En outre, la hausse des salaires ne peut être que bénéfique selon lui car permet non seulement d'éviter le turn-over (c'est-à-dire une démission des ouvriers) mais aussi est un moyen de motivation pour les ouvriers et fait d'eux des clients possibles afin de permettre de rentabiliser le capital investi.
- **Division du travail:** tout comme Taylor, Ford pense qu'une division du travail selon deux visions (verticale et horizontale) est nécessaire mais il met tout de même en évidence une ligne de montage donc l'apparition du travail à la chaîne.

2.2.1.5. Les résultats positifs

Ces systèmes de production ont fait leurs preuves pendant un certain nombre d'années. On peut donc en citer les multiples avantages qui sont:

Accroissement des gains de productivité: avec l'instauration du système de production de masse, on avait une augmentation de la production et donc de la productivité. En effet, la standardisation des produits va permettre une production plus rapide avec un habilité de mieux en mieux maîtriser des gestes à accomplir par les ouvriers qui va donc entraîner un accroissement évident de la production.

Amélioration de la croissance économique: il y a eu avec l'augmentation de la production, une amélioration des salaires dans le but de faire d'eux des consommateurs potentiels. En outre, il y a eu parallèlement une baisse des prix afin de pouvoir augmenter le pouvoir d'achat. On obtient donc avec une production de masse, une consommation de masse et donc forcément un accroissement de la croissance économique.

Plein-emploi: dans un système de production de masse, on avait besoin de plus en plus d'ouvriers non qualifiés afin de produire de plus en plus à faibles coûts.

Ainsi, on a eu une augmentation des recrutements donc on se retrouve dans une période de plein-emploi.

Réalisation d'économies d'échelles: avec une augmentation de la taille des unités de production.

2.2.1.6. Les limites

Malgré tous les avantages qu'ont pu procurer le taylorisme et le fordisme, ils ont entraîné une crise économique et sociale. Ainsi, on étudiera les raisons ayant conduit à cette conclusion. On peut donc citer certaines remises en causes telles que:

Une spécialisation de plus en plus excessive va entraîner des taux de turn-over importants et donc une augmentation des coûts dû aux besoins de renouvellement de la main d'œuvre. De plus, les conditions de travail exécrables conduisent à des conflits de plus en plus présents. On assiste donc à de plus en plus de phénomènes comme l'absentéisme, les grèves, le sabotage des chaînes de production. Les ouvriers réfutent de plus en plus violemment le principe augmentation des salaires /conditions de travail exécrables. On en vient donc à la création de coûts supplémentaires pour embaucher des salariés improductifs qui se chargeront de faire respecter les consignes de travail instauré. En outre, vers les années 1960, une nouvelle vague d'ouvriers scolarisés arrive en refusant ce système de travail. On arrive donc à une perte d'intérêt du travail donc à une crise sociale importante.

Augmentation de l'exigence des clients: les clients demandent des produits différenciés et de meilleure qualité. Or, la production de masse ne peut fournir ça car passe par un système de standardisation des produits. La production doit s'adapter à la demande de plus en plus exigeante du marché et donc accès à un système de production flexible. En outre, le marché devient de plus en plus saturé donc la production de masse convient de moins en moins car il n'y a plus de débouchés. Donc il y a un ralentissement considérable de la croissance économique entraînant des pertes de gains de productivité et aussi une augmentation des taux de chômage.

2.2.2. Les autres courants

1) Henri Fayol

La théorie de Fayol a pour but d'augmenter l'efficience des entreprises. Pour lui, la fonction principale est la fonction administrative. Il va donc concentrer l'essentiel de sa théorie sur celle-ci. Il recense cependant cinq autres fonctions qui sont:

- La fonction de technique de production et de transformation;
- La fonction commerciale;
- La fonction financière;
- La fonction de sécurité;
- La fonction comptable.

Pour Fayol, les dirigeants devaient se contenter de commander et de contrôler c'est-à-dire qu'ils devaient vérifier la bonne marche de l'entreprise mais aussi vérifier que le travail des ouvriers est bien assuré.

Il considère alors que le travail des dirigeants ne peut se résumer qu'à ça et considère qu'ils doivent prévoir, organiser et coordonner. Les dirigeants doivent en effet être capables de prévoir l'avenir et de pouvoir ainsi s'adapter aux variations du marché éventuel. De plus, ils doivent pouvoir de mettre en place des procédures, définir les fonctions et les responsabilités nécessaires au bon fonctionnement de l'entreprise. En outre, il est aussi nécessaire selon lui de pouvoir maintenir une bonne coordination entre les différentes fonctions de l'entreprise. Ainsi, les dirigeants constituent la partie essentielle de l'entreprise et permettant son bon fonctionnement.

Une liste exhaustive des principes liés à sa théorie est alors énoncée. On va donc en citer une douzaine qui constitueront la base de sa théorie:

Division du travail: avec une spécialisation des fonctions, son but était de produire plus et mieux sans effort supplémentaire. Par contre, il préconise l'enrichissement des tâches car on peut arriver à un désintéressement du travail par les ouvriers et donc conduire comme précédemment à des crises sociales. De plus, il fait apparaître des fonctions transversales où la notion de hiérarchies est très faible.

Autorité: c'est le droit de commander et de pouvoir se faire obéir. Pour lui, c'est l'un des éléments nécessaires pour être un bon dirigeant. Il doit pourvoir combiner l'autorité personnelle c'est-à-dire son charisme et l'autorité statutaire qui constitue celle apportée par la fonction occupée dans l'entreprise.

Discipline: il faut une certaine discipline (obéissance, signes extérieurs de respect, assiduité…) pour le bon fonctionnement de l'entreprise. Pour Fayol, s'il y a une absence de discipline dans l'entreprise, c'est que le dirigeant na pas bien fait son travail.

Unité de commandement: pour lui, les ordres doivent venir d'un seul chef car une multitude de commandements ne peut qu'entraîner un dépérissement de l'entreprise.

Unité de direction: «Un seul chef et un seul programme pour un ensemble d'opérations visant un même but». Le contraire ne ferait qu'entraîner des compétitions internes contre-productives.

Subordination de l'intérêt particulier à l'intérêt général: tout nature de l'homme (égoïsme, ambition…) peut entraîner des disfonctionnements au sein de l'entreprise aux dépens de l'intérêt général.

Rémunération du personnel: elle doit être faite de manière équitable et doit donner entière satisfaction à l'employé pour le service rendu.

Centralisation: il faut tout de même éviter d'en faire trop et trouver la bonne limite.

Hiérarchie: le commandement est la voie nécessaire à la communication entre le sommet et la base de la pyramide.

Ordre: le bon recrutement et la bonne organisation constituent les deux éléments essentiels de cette théorie. En effet, on peut se référer à la maxime «une place pour chaque chose et chaque chose à sa place».

Équité: il faut une justice dans toute chose sinon cela ne peut tendre qu'à l'apparition de conflits.

Stabilité du personnel: un excès de turn-over ne peut être que défavorable à la stabilité de l'entreprise. En effet, selon lui, mieux on connaît la personne qui nous donne des ordres et plus facilement on les respecte.

Initiative: c'est la possibilité qu'à l'employé de proposer et d'exécuter. Elle constitue une force incontestable pour une entreprise.

Union du personnel: il faut encourager les ententes entre les employés tout en limitant les sources de communication écrites qui selon lui ne peuvent qu'entraîner des conflits.

2) Comparaison entre Fayol et Taylor

Taylor a une vision microscopique de l'organisation tandis que Fayol prend du recul et étudie de façon plus macroscopique c'est-à-dire qu'il étudie l'entreprise dans son ensemble. En outre, on peut considérer que Fayol apporte dans le domaine administratif la même chose que Taylor apporte dans le système productif.

D'autre part, Fayol considère que les valeurs intrinsèques que peuvent apporter les différents agents dans l'entreprise ne sont qu'un élément bénéfique au bon fonctionnement de l'entreprise alors que Taylor pense que ça ne peut qu'apporter des disfonctionnements et essaie donc de rendre le travail indépendant de tout savoir-faire.

3) Max Weber

Weber fait une analyse des différentes mutations de la société. Il met alors en évidence les mutations dans les fondements de l'autorité et distingue ainsi deux types:

- **Type charismatique**: fondé essentiellement sur les qualités personnelles du leader;
- **Type traditionnel**: ici l'autorité découle du poste occupé.

Il met alors en place la théorie des organisations avec l'invention de l'organisation bureaucratique. Elle a un caractère dénué de sens humain car il considère que ceci permet une meilleure efficacité mais aussi équité. Celle-ci est essentiellement basée sur:

- La rigueur représentant ici une stricte définition du travail mais aussi de l'autorité de chacun;
- Une hiérarchie stricte ayant un contrôle de l'activité;
- La précision passant par des règles écrites prévoyant toutes les situations possibles;
- La compétence représentée par la présence d'experts qualifiés.

Cette organisation est pour lui la meilleure au sens efficacité et équité car c'est un signe de rationalisation évidente. Ici, tout le monde est traité de la même manière, quelle que soit sa fonction au sein de l'entreprise. De plus, la légitimité juridique qu'il donne à cette organisation la rend indépendante du pouvoir politique.

2.3. Ecole des Relations Humaines

2.3.1. Critique de l'école classique et fondement de l'école des relations humaines

L'école des relations humaines, aussi appelé mouvement behavioriste se développe dans les années 20 aux Etats-Unis dans un contexte de mécontentement et d'insatisfaction. Ces insatisfactions se manifestent par des plus en plus de revendications ouvrières et de nombreuses grèves. Le taux d'absentéisme augmente ainsi que les départs (turn-over) et le gaspillage, ce qui freine la productivité des entreprises.

Avec la crise de 1929 et l'apport de la psychologie, l'approche tayloriste va être radicalement remise en question. On voit apparaître le rejet de l'organisation du travail classique.

2.3.1.1. Critique de l'OST et facteur humain

L'Organisation scientifique du travail et le fordisme sont fortement critiqués. Division du travail, autorité, discipline, hiérarchie…, ces principes sont discutés. L'humain n'est pas pris en compte. En effet, les compétences des ouvriers sont oubliées ainsi que l'absence de statut et de possibilité de carrière au sein de l'entreprise. De grandes critiques se dégagent:

- Ford prône la standardisation, mais il n'est pas certain qu'il n'existe qu'une seule bonne méthode pour accomplir une tâche;

- La motivation des travailleurs n'est pas exclusivement le salaire. La seule préoccupation de la rémunération peut engendrer un certain inintérêt pour la tâche à accomplir et donc une baisse de l'efficacité;
- La normalisation de l'organisation du travail par les dirigeants est perçue par les employés comme une réflexion extérieure à la réalité de son travail. Cette spécialisation semble contre-nature et le processus de production trop rigide.

L'application de l'OST dans le fordisme est objective et scientifique et considère le travail comme un facteur de production purement technique. L'école des relations humaines critique cette approche et considère le facteur humain et psychologique comme central. Ce mouvement théorise le fait que les travailleurs sont soucieux d'un cadre de travail satisfaisant, qu'ils désirent faire partie d'un groupe, avoir une reconnaissance de leurs efforts et une valorisation de leurs capacités.

Ces différents éléments permettent une augmentation de la contribution, de l'efficacité et donc de la productivité.

L'école des relations humaines regroupe un grand nombre d'auteurs ayant en commun de mettre en avant la composante humaine de l'organisation. Dans les années 1920, l'expérience d'Hawthorne et les travaux d'Elton Mayo vont fonder ce courant et devenir une référence pour les travaux qui vont suivre.

2.3.1.2. Elton Mayo (1880-1949) et l'expérience d'Hawthorne

Hawthorne est une banlieue de Chicago où il y a une usine de la Western Electric. Les enquêtes à la Western Electric sont célèbres car elles introduisent une rupture avec le modèle classique mais aussi parce qu'elles s'intéressent aux comportements humains en organisation. Ces expériences vont être menées de 1924 à 1932 avec quatre moments importants:

- L'enquête sur l'amélioration de l'éclairage (1924-1927);
- L'enquête sur l'atelier expérimental d'assemblage des relais téléphoniques (1927-1928);
- Les entretiens menés par Whitehead (1928-1931);
- L'enquête sur l'atelier expérimental de connexion de fils électrique (1931-1932)

La direction de l'entreprise s'inquiète de certains indicateurs: un taux de rotation du personnel élevé, un fort absentéisme et une faible production, et décide de mener une expérience sur la qualité de l'éclairage dans les ateliers de production. Deux groupes d'ouvrières sont formés, l'un est isolé dans un atelier dans lequel l'éclairage peut varier, l'autre, dans un atelier où les conditions de travail restent inchangées.

Les résultats montrent que la diminution de l'éclairage n'a pas impliqué une baisse de la productivité mais au contraire une hausse et ceci chez les deux groupes. Ce ne sont donc pas les facteurs techniques qui sont à l'origine de la variation de productivité.

En 1927, les dirigeants de la Western Electric font appel à Elton Mayo, professeur à Harvard et connu pour ses travaux sur la fatigue et les temps de repos dans les entreprises. Il va mener des expériences sur un groupe d'ouvrières en améliorant leur environnement de travail. Cette expérience est connue sous le nom «expérience du test room». Les chercheurs vont varier le nombre et la durée des pauses, la durée totale du travail, et d'autres paramètres techniques.

Des entretiens auprès des ouvrières sont réalisés en parallèle. Il remarque une augmentation de la productivité. Mais en revenant aux conditions de travail de départ, la productivité continue de s'accroître. Ce résultat et les entretiens montrent que la vie du groupe est importante ainsi que le style de commandement. Ainsi la vie sociale a des incidences sur le niveau de production.

Les travaux d'Elton Mayo sont publiés en 1933 (The human problems of an industrial civilization) et remettent en cause la théorie taylorienne. Trois idées importantes se dégagent:

- L'accroissement de la productivité semble lié à l'intérêt que l'on porte aux ouvrières;
- La vie sociale informel du groupe importe plus que les normes formelles imposées;
- Les motivations au travail ne sont pas que pécuniaires mais aussi affectives.

Ces résultats marquent le fondement de l'école des relations humaines. Ce courant va continuer à se développer grâce à d'autres auteurs et différentes approches.

2.3.2. Développement de l'école des relations humaines
2.3.2.1. Abraham Maslow (1908-1970)

Maslow est un célèbre psychologue connu pour avoir théoriser, dans les années 1940, les différentes sources de motivation qu'il hiérarchise par une pyramide. La pyramide se constitue de 5 niveaux. D'après Maslow, nous cherchons à satisfaire chaque besoin d'un niveau avant de satisfaire les besoins des niveaux supérieurs. Maslow veut ainsi définir les leviers de la motivation.

L'école des relations humaines met l'accent sur la satisfaction des besoins supérieurs pour améliorer la productivité des entreprises alors que jusque-là, les théories classiques n'envisageaient qu'une motivation par la rémunération.

2.3.2.2. Douglas Mc Gregor (1906-1964)

Professeur de psychologie industrielle au MIT à Harvard, il exerce le rôle de conseiller en relations humaines dans de nombreuses firmes. Il développe dans les années 1960 des théories X et Y basées sur deux profils de travailleurs.

- **Théorie X**: les employés ne veulent pas travailler, ils ne sont pas productifs, il faut donc les contraindre et les sanctionner. Les ouvriers sont dirigés et ne prennent pas de responsabilités.
- **Théorie Y**: les employés aiment travailler naturellement, ils se dirigent eux-mêmes.

Ces deux théories servent à développer le facteur humain dans la fonction de direction. Mc Gregor postule que la manière dont une organisation est dirigée résulte des convictions de ses dirigeants sur le comportement humain.

Avec la théorie X, les principes de contrôle tournent essentiellement autour de l'autorité. La théorie Y est fondée sur l'aptitude des dirigeants à mettre en place un climat épanouissant qui associe les ouvriers aux objectifs demandés.

Pour mettre en place ces théories, Douglas Mc Gregor s'appuie sur les travaux de Maslow afin d'expliquer les insuffisances de la théorie X dans laquelle les besoins supérieurs sont rarement satisfaits car ces aspects de la motivation ne sont pas pris en compte.

L'école des relations humaines met l'accent sur la satisfaction des besoins supérieurs pour améliorer la productivité des entreprises alors que jusque-là, les théories classiques n'envisageaient qu'une motivation par la rémunération.

2.3.2.3. Frederick Herzberg (1923-2000)

Herzberg est un psychologue américain connu pour ses travaux sur les facteurs de satisfaction et d'insatisfaction au travail. Il critique l'OST qui prône un élargissement de tâches normaliser plutôt qu'une valorisation des tâches. Herzberg distingue 2 types de facteurs de motivation au travail:

> **Les facteurs d'hygiène**: bruit, chaleur, salaire… Ces facteurs doivent avoir un niveau de base sinon ils génèrent de l'insatisfaction et une baisse de la productivité;
> **Les facteurs de motivation**: évolution de carrière, autonomie... Ces facteurs valorisants correspondent aux besoins supérieurs de la pyramide de Maslow. En réponse à ces besoins, Herzberg recommande la suppression de certains contrôles, l'accroissement de l'initiative, une certaine liberté dans l'accomplissement des tâches, l'introduction de tâches plus complexes.

L'ensemble de ces recommandations développe ce qu'on appelle le «Job Enrichment».

2.3.2.4. Kurt Lewin (1890-1947)

Lewin est un psychologue qui s'intéresse aux différents modes de leadership et à leur efficacité. Il distingue 3 types de leadership:

Le leadership autoritaire pour lequel les rendements sont bons (seulement en présence du leader) mais les pressions fortes entre les membres et le leader créent de la défiance et parfois des actes de rébellion. Ce type de leadership est préconisé par l'OST;

Le leadership du laisser-faire où le leader est peu impliqué et les membres sont à la recherche de consignes;

Le leadership démocratique s'appuie sur des méthodes semi-directives et la participation des différents membres et engendre de bonnes performances même en l'absence du leader.

Lewin conclu que le style de supervision joue un rôle déterminant sur l'attitude et le comportement des subordonnés. Le leader démocratique augmente la satisfaction et le rendement des travailleurs.

L'évolution des systèmes de production est liée à l'évolution de l'environnement extérieur des entreprises. L'approche sociotechnique prend en compte cet environnement car l'entreprise est un système ouvert en interaction permanente avec son environnement (sociologique, politique, culturel, historique…).

2.3.3. L'approche sociotechnique (AST): l'entreprise système ouvert

L'approche sociotechnique est initiée par le Tavistock Institute dans les années 50 en Angleterre. Elle se situe entre l'OST et l'école des relations humaines car elle considère avec autant d'importance le facteur technique et le facteur humain.

Cette approche fait la synthèse entre 2 grands types de systèmes de production:

- Le système technique qui considère l'homme au travail comme un rouage d'un ensemble complexe et qui préconise le fractionnement des tâches et leur normalisation;
- Le système humain qui se préoccupe essentiellement de la satisfaction des besoins des salariés considérant que c'est le moyen pour l'entreprise d'atteindre ses objectifs.

En considérant l'entreprise comme un système en interaction constante avec l'extérieur, l'AST prend en considération les évolutions du marché.

On note l'évolution des ressources physiques, avec l'évolution des machines mais aussi celle des matières consommables (prix, apparition de substituts).

L'évolution des ressources humaines est aussi importante avec l'élévation du niveau de qualification, la réduction du temps de travail, l'augmentation du coût du travail et une demande accrue des salariés à exercer un travail valorisant. Dans les années 70 en Suède, cette approche fera de l'entreprise Volvo une entreprise emblématique laissant place au travail d'équipe et à l'autonomie. Le taylorisme et le fordisme se sont inscrits dans un contexte bien particulier: celui de la pénurie d'après-guerre, l'économie était caractérisée par une demande supérieure à l'offre ce qui impliquait un système de production favorisant la production de masse.

Cependant, des évolutions sont venues bouleverser le système de production à partir des années 1980. Ainsi, nous allons nous intéresser au système qui est venu détrôner le système américain.

2.4. Toyotisme

2.4.1. Mise en place du Toyotisme: un Fordisme à la Japonaise

2.4.1.1. Le contexte

La crise des années 1973 a touché l'ensemble des pays industrialisés, modifiant la donne économique. Le secteur automobile est gravement touché par la crise, la production chute et de nombreuses firmes enregistrent des pertes. Cependant une firme fait exception dans les années 1980: Toyota.

En effet, Toyota a attiré l'attention puisque ces voitures avaient une durée de vie supérieure aux voitures américaines et nécessitaient beaucoup moins de réparations. Son processus de développement était plus rapide, plus fiable et néanmoins concurrentiel, en dépit des salaires relativement élevés des ouvriers japonais.

Tout aussi impressionnant était le fait que chaque fois que Toyota montrait une faiblesse apparente et semblait vulnérable, le problème était réglé et Toyota revenait plus fort sur le marché. C'est de cette constatation que l'intérêt s'est porté au système de production de Toyota.

Taïchi Ohno qui était un ingénieur industriel japonais s'est rendu aux États-Unis et a constaté le système Taylor-fordien tout en identifiant certaines limites liées notamment aux conditions de travail des salariés et décide d'importer le système au Japon au sein de l'entreprise Toyota en l'adaptant aux contraintes du pays. En effet, le système Taylor fordien exige par exemple une capacité de stockage conséquente et donc de la place ce qui pose problème au Japon qui est un archipel d'îles.

C'est pourquoi les contraintes géographiques ont imposé un système différent (niveau de stock minimal), beaucoup d'autres facteurs vont être transposés et adapté à la culture japonaise. Notamment la philosophie japonaise qui va être intégré au système de production. Le toyotisme qui se généralise dans le mouvement Lean va être transposé dans différend pays et secteurs mais de manière incomplète puisqu'une grande part du système réside dans une philosophie et non juste d'outils à appliquer. Nous nous attarderons sur un cas pratique d'une entreprise qui a tenté d'importer le modèle par la suite.

2.4.1.2. La philosophie: le Kaizen

Le Kaizen représente une manière de penser qui s'inscrit dans une logique d'amélioration perpétuelle, elle se traduit par des gestes quotidiens. Cette philosophie est très différente de la manière de penser occidentale. Cette logique se traduit par exemple par une maintenance des appareils dès qu'un problème est détecté et non pas lorsqu'il est déjà en panne ou encore par des procédés comme la roue de Deming qui est un cercle vertueux de qualité passant par 4 principes: to Act, to plan, to check et to do.

Ainsi cette logique va être appliquée à tous les niveaux de l'entreprise et non plus juste au niveau de la hiérarchie. Un des facteurs qui encourage cette façon de penser est que le Japonais s'identifie à sa famille mais également à son entreprise ce qui engendre un effet de responsabilité face à son travail. Ainsi chacun est responsable de son équipement. C'est pourquoi le Kaizen représente un des piliers du toyotisme.

2.4.2. Les outils du toyotisme

Figure n°2: les outils du toyotisme

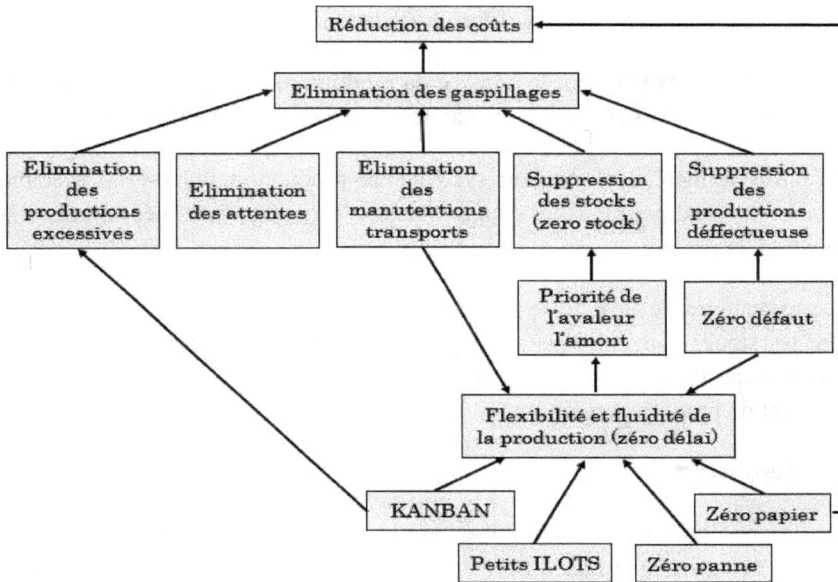

Source: Bourguignon, A., (1993)

Le Toyotisme a été mis en place par Taïchi Ohno, ce modèle d'organisation de travail et de production fut mis en œuvre chez Toyota. Il repose sur deux innovations majeures: l'automatisation et le juste-à-temps.

2.4.2.1. L'automatisation

L'automatisation représente la capacité d'une machine à s'arrêter lorsqu'il rencontre un problème. Ce système permet à l'ouvrier de faire d'autres tâches et donc de travailler sur plusieurs machines. Ceci permet d'augmenter la productivité.

D'autres part le toyotisme préconise une analyse en profondeur lorsqu'il fait face à une défaillance dans la chaîne de production. Ainsi, cette logique lui permet d'éviter de rencontrer la même défaillance plusieurs fois. Cette solution s'applique à tous les maillons de la chaîne de production.

2.4.2.2. Les instruments du juste-à-temps

Le principe du juste-à-temps ou flux tendu est que l'aval de la production commande l'amont. Il représente un ensemble de technique logistiques visant à améliorer la productivité globale d'une entreprise.

Ainsi, on produit exactement le nombre de produits requis, livré au bon endroit au bon moment. On attend que la demande se manifeste pour y répondre.

En d'autres termes, il s'agit d'un système de production inversé au système fordisme: on vend pour ensuite s'approvisionner en composants nécessaires à la fabrication du produit.

De cette manière, le flux de la production est «tiré» par la demande. De cette façon, les stocks sont minimisés. D'où une logique des 5 zéros olympiques: 0 stock, 0 délai, 0 panne, 0 défaut, 0 papier qui caractérisent le système en lui permettant de produire à moindres coûts.

1) Zéro stock

Selon Taïchi Ohno, les stocks représentent une source de gaspillage. Les stocks représentent un masque aux différents problèmes de l'entreprise. Ainsi, Taïchi Ohno a considéré qu'en supprimant les stocks on pouvait s'attaquer aux problèmes en profondeur. Le principe du 0 stock a été aussi imposé du fait du manque de place au Japon. Ainsi le système a exigé une suppression des stocks qui a permis de desseller les problèmes de gaspillage pour ensuite les résoudre. En réalité, le zéro stock est difficilement réalisable, c'est pourquoi on tend plus vers un niveau de stock minimal. En effet, il est tout à fait légitime de constituer des stocks pour faire face à une demande saisonnière, mais il ne l'est pas lorsqu'il s'agit de dissimuler les problèmes par un niveau de stock injustifié.

2) Zéro délai

Le zéro délai constitue le fait d'essayer de compresser au maximum le délai propre à la production. Pour cela il est nécessaire de maîtriser les délais inter opératoires, ce sont les délais qui séparent deux séries de production. Pour maîtriser ces délais nous avons une méthode: le SMED (single minute exchange of die). Le SMED est une méthode qui va permettre de réduire le coût de fabrication et donc de diminuer le nombre minimal de lots nécessaires. Ainsi on va distinguer:

- Les opérations internes qui sont les opérations qu'on peut faire uniquement en arrêtant la machine. Par exemple, lorsque je change de série, je suis obligé de remettre des matières premières dans la machine. Ici nous allons nous demander s'il n'y a pas un moyen de ne pas arrêter le processus de production pour effectuer cette tâche;
- Les opérations externes qui représentent les opérations dont on peut faire sans arrêter la machine.

Par la suite, on filme le processus de production et l'on distingue les opérations internes et les opérations externes pour pouvoir transformer au maximum les opérations internes en opérations externes et ensuite diminuer le temps accordé aux opérations externes.

3) Zéro panne

On parle de la maintenance des équipements productifs. Cette maintenance n'est pas de nature curative comme en occident c'est-à-dire que l'on n'attend pas que la machine tombe en panne avant de la réparer ou de la changer. Ici nous sommes plus dans une culture du risque donc on essaye d'anticiper les sources de dysfonctionnement. Il s'agit d'une maintenance préventive. Ainsi, on distingue:

- **La maintenance de nature prédictive**: il s'agit d'incorporer au système productif un signal qui va nous avertir lorsqu'une source de dysfonctionnement apparaît. Dès que l'ouvrier prend connaissance de ce signal, il agit directement et n'attend pas la panne;
- **La maintenance systématique**: une révision est faite de façon périodique afin de contrôler une source de problème éventuel;
- **AMDEC** (Analyse des modes de défaillances de leurs effets et de leur criticité): on va essayer d'évaluer par rapport à un système productif les sources de dysfonctionnement éventuel, ces effets et essayer d'analyser le degré de gravité du dysfonctionnement;
- **TPM** (Total Productive Maintenance): on désire obtenir une maintenance parfaite c'est-à-dire d'éviter au maximum toutes sortes de dysfonctionnement à tout moment. Deux indicateurs vont nous le permettre: le taux de rendement global et le taux de service. L'objectif d'un projet TPM consiste à améliorer l'efficacité d'un équipement ou d'un processus industriel par une réflexion collective et une responsabilisation de l'ensemble du personnel concerné. Le projet s'attache à mettre en

évidence toutes les causes d'inefficacité c'est-à-dire celles qui sont liées aux arrêts de la machine (pannes, réglages, temps de changement de série), celles qui sont liées aux ralentissements de la machine (micro-arrêts, ralentissement divers) ou encore celles qui sont liées aux pièces défectueuses produites lors du fonctionnement normal de l'équipement ou lors d'un redémarrage ou d'un réglage dit régime transitoire.

4) **Zéro défaut:** Total Quality Control

Pour aboutir au zéro défaut, tout le monde hiérarchiquement doit penser à une logique de total quality control c'est-à-dire que l'impulsion doit provenir de la hiérarchie. Ainsi elle doit toucher de manière horizontale toute l'entreprise et donc toutes ces fonctions (SAV, comptabilité, production...).

En effet, si un problème survient le client ne va pas distinguer le service qui en est l'origine se sera toute l'entreprise qui en subira les conséquences. On peut même aller plus loin quand l'entreprise décide d'externalisée, elle doit s'assurer que l'ensemble de ces partenaires sont dans la même logique. Ainsi la gestion de la qualité doit se faire à la fois en amont mais également en aval. Certains procédés sont mis en place pour mettre en œuvre la gestion de la qualité. Nous allons présenter les différents outils de la gestion qui peuvent être utilisés.

2.4.3. La roue de Deming

Figure n°3: Roue de Deming

Source: Fernandez A., (2020).

C'est William Edwards Deming (promoteur de la qualité made in Japon) qui va être le premier à travailler sur la gestion de la qualité. Il va instaurer la Roue de

Deming. Il s'agit d'un cercle vertueux qui passe par quatre phases (PDCA) suivantes:

- Planifier ou prévoir (plan);
- Appliquer ou faire (do);
- Vérifier ou inspecter (check);
- Réviser ou réagir (action).

Ces différentes phases sont à enchainer successivement afin de s'inscrire assurément dans une logique d'amélioration continue.

Plan (P): planifier et préparer le travail à effectuer; établir les objectifs, définir les taches à exécuter; spécifier les missions et les responsabilités. On n'oubliera surtout pas les critères de performance.

Do (D): faire; réaliser; exécuter les tâches prévues. Il peut être intéressant de limiter l'ampleur et la portée de taches à exécuter afin de disposer d'un meilleur contrôle (processus répétitif). Un projet court est plus facile à piloter, il délivre les résultats plus rapidement.

Check (C): vérifier les résultats; mesurer et comparer avec les prévisions. C'est le point clé de l'amélioration continu. La phase de vérification, c''est l'instant où l'on prend conscience de la difficulté (ou de la simplicité) d'une tache donnée. C'est aussi celui où l'on apprend à mieux maitriser ses prévisions.

Action (A): agir; corriger; prendre les décisions qui s'imposent; identifier les causes des dérives entre le réalisé et l'attendu; identifier les nouveaux points d'intervention; redéfinir les processus si nécessaires.

Boucler, c'est une roue, on revient à la première étape tant que l'objectif ultime n'est pas atteint.

La phase Check est une phase où l'on collecte l'information pour analyser et prendre conscience de la situation. D'ailleurs Edwards Deming a remplacé par la suite cette phase par «**Study**». On devrait donc parler du **PDSA.**

«**Study**», étudier, c'est l'analyse des résultats. Cette seconde dénomination est bien plus en phase avec l'idée que l'on se fait de la notion de la qualité et de l'amélioration continue. Il ne s'agit plus de vérifier (Check) que les plans sont bien exécutés à la lettre mais bien d'étudier (Study) les résultats pour mieux comprendre le processus et recadrer si besoin est son déroulement. C'est donc au terme de cette troisième phase que se prennent les décisions.

2.4.4. Le Diagramme d'Ishikawa

Le diagramme d'Ishikawa aussi appelé diagramme de causes et effets ou encore diagramme en arrêtes de poisson, est un outil de résolution de problème d'entreprises; c'est également un moyen de gérer la qualité.

Conçu par l'ingénieur Japonais Kaoru Ishikawa, qui a travaillé une partie de sa vie pour Nissan. Ce diagramme prend la forme d'un arbre avec plusieurs branches (ou d'une arête de poisson). On y retrouve

- L'effet, le problème que rencontre l'entreprise, à la tête;
- Les causes, sont modélisées par des branches.

Ces causes, les «5 M», représente chacune une composante de l'entreprise.

2.4.4.1. Utilité du diagramme d'Ishikawa

Le principal intérêt de ce diagramme est d'identifier l'ensemble des causes qui ont une influence, plus ou moins directe, sur un problème observé. Une entreprise qui fait par exemple face à une baisse de son chiffre d'affaires se pose naturellement la question de savoir pourquoi cette baisse a eu lieu, c'est pour répondre à ce type de question que l'utilisation de cet outil s'avère pertinente.

Les causes identifiées sont ensuite hiérarchisées, permettant à l'entreprise de prioriser les efforts à mener pour résoudre le problème.

La force du diagramme d'Ishikawa est d'être un outil très visuel, une représentation graphique facilite grandement la communication autour du problème. Ceci offre aussi au dirigeant une vision globale, à la fois synthétique et précise, de l'effet néfaste identifié. Le diagramme de causes et effets est applicable pour tut type d'entreprise qui rencontre un dysfonctionnement, quel que soit sa taille ou son domaine d'activité.

Ce diagramme est un outil de gestion, d'aide à la décision en cas d'instabilité au sein de l'entreprise. Ce n'est pas un outil optimal pour développer l'entreprise comme peut l'être le SWOT, mais pour régler les dysfonctionnements.

Il est cependant possible de s'en servir pour développer l'entreprise, en indiquant un «faux effet» (un objectif à atteindre) et se servant des «5 M» pour trouver des leviers plutôt que de pointer des causes.

2.4.4.2. Représentation du Diagramme d'Ishikawa

Figure n°4: Diagramme d'Ishikawa

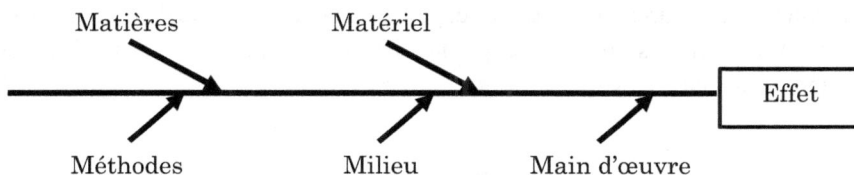

Source: Bourguignon, A., (1993)

Il s'agit de s'interroger sur les causes profondes du dysfonctionnement à partir des 5M: matière, main d'œuvre, méthode, milieu, matériel. Ainsi une fois la source identifiée on agit pour y remédier durablement, de cette manière on agit non plus en surface qui ne résout pas réellement le problème mais en profondeur.

- **Méthodes:** processus de production du produit ou service. La recherche et développement;
- **Matière:** les matériaux utilisés pour la production du bien;
- **Milieu:** le contexte concurrentiel, l'état du marché;
- **Matériel:** les machines, le parc informatique et les logiciels. L'ensemble des équipements sui servent à apporter de la valeur ajoutée au matériau de base.
- **Main-d'œuvre:** les collaborateurs et l'ensemble des intervenants humaines (ressources humaines).

Il est tout à fait possible de créer de nouvelles catégories de causes en fonction du problème observé et des objectifs de l'entreprise. Un sixième M, pour moyen financier peut être ajouté afin d'accorder une importance particulière à cet aspect qui normalement est compris dans Matériel. L'essentiel étant d'adapter les branches en fonction du contexte de l'entreprise, ses objectifs et sa problématique.

2.4.4.3. Construction d'un diagramme d'Ishikawa

La méthodologie de construction d'un diagramme d'Ishikawa peut être découpée en quatre étapes:

1) Pointer l'effet

Il s'agit d'une étape relativement facile car le problème est généralement perceptible par l'entrepreneur. Cet effet peut prendre une infinité de forme: baisse du chiffre d'affaires, baisse de production, moins de motivation chez les collaborateurs, etc.

2) Dresser les causes

En faisant un brainstorming, avec des experts où des collaborateurs, le dirigeant liste l'ensemble des causes qui ont une incidence plus ou moins directe sur l'effet observé il faut ensuite catégoriser cas causes au sein de chaque «M».

3) Repérer les causes sur lesquels l'entreprise peut agir

Pour chacune des causes, l'entreprise doit se poser les questions nécessaires pour trouver l'origine de cette cause. Par exemple pour la cause méthode, il pourrait s'agir d'un manque d'innovation, si c'est le cas il faut alors se demander pourquoi ce manque est présent (moyen financier, manque d'idée…) et continue de creuser jusqu'à en trouver l'origine.

4) Hiérarchiser les causes

Pour chaque branche, chaque cause identifiée, il faut attribuer un poids ce poids permet de hiérarchiser les causes, avec en priorité la cause qui a le plus d'influence sur l'effet observé.

Ce classement des causes oriente l'entreprise dans les actons qu'elle doit mener en priorité pour régler le problème. A l'issu de ces quatre étapes, c'est au dirigeant de trouver les actions à mener pour résoudre le problème que rencontre son entreprise.

Exemple:

Prenons l'exemple d'un restaurant qui constate une baisse de fréquentation de son établissement. Pour identifier les causes de cet effet, ce restaurant peut utiliser le diagramme d'Ishikawa.

Pour cet exemple, les causes identifiées au sein des 5 M pourraient être les suivantes:

- **Méthodes**: le processus de fabrication les recettes pour élaborer les plats.
- **Matière**: la qualité des ingrédients utilisés
- **Milieu**: la présence d'un nouveau concurrent au sein de la zone de chalandise. Les habitudes de consommation qui ont évolué.
- **Matériel**: le mobilier de la salle est vieillissant, l'aménagement intérieur est de moins en moins séduisant aux yeux des clients.
- **Main-d'œuvre**: le personnel a peut-être une attitude qui ne convient pas à la clientèle.

Les dirigeants hiérarchisent ces causes en fonction de leur impact et de la capacité de l'entreprise à pouvoir agir sur ces causes. Dans cet exemple il pourrait s'agir d'abord de prioriser la main-d'œuvre qui demande davantage une optimisation du management que de moyens financiers.

Ensuite la présence du nouveau concurrent qui nécessitera de mener une étude de marché qualitative afin de comprendre les attentes des consommateurs et ainsi y répondre plus efficacement que la concurrence.

Enfin, nous pourrions retrouver le matériel comme cause, la moins prioritaire car le restaurant ne dispose pas du budget nécessaire pour réaménager sa salle.

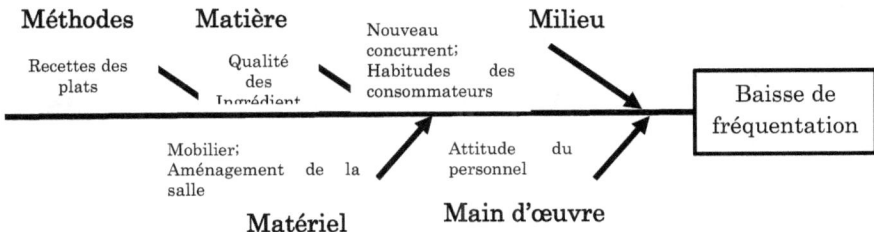

Méthodes	Matière	Nouveau	Milieu	
Recettes des plats	Qualité des Ingrédient	concurrent; Habitudes des consommateurs		Baisse de fréquentation
	Mobilier; Aménagement de la salle	Attitude du personnel		
	Matériel	Main d'œuvre		

Chapitre 3. TECHNIQUES ET OUTILS DE LA GESTION DE PRODUCTION

3.1. Aspects financiers en Gestion de production

Dans une entreprise industrielle, les immobilisations représentent une bonne partie des actifs. La plus grande partie des investissements est destinée à la production, notamment aux équipements, à l'entreposage…

La disponibilité des capitaux étant par ailleurs assez limitée, des systèmes d'aide à la décision pour choisir parmi plusieurs alternatives ont été élaborés. On distinguera, le Payback ou délai de récupération du capital investi, le taux de rendement moyen et la valeur actuelle nette.

3.1.1. Les besoins en investissements

Ils concernent généralement:

- L'expansion de l'appareil de production (plus les unités de stockage) pour augmenter sa capacité;
- La modernisation de l'appareil de production pour augmenter la cadence ou la qualité;
- Le renouvellement partiel pour asseoir la stabilité ou initier de nouveaux produits[1].

Les décisions relatives aux nouveaux investissements sont basées sur un certain nombre de facteurs connus et prévisibles et sur d'autres facteurs qu'on ne peut estimer qu'approximativement.

Parmi les facteurs connus, nous citerons le ratio actuel de liquidité de l'entreprise et sa capacité de réunir certains capitaux soit par des emprunts, soit par l'émission d'actifs ou d'obligations. Parmi les facteurs estimés avec plus ou moins de précision, on note les revenus espérés, les ventes futures, le taux d'intérêt, le taux d'inflation, les frais d'exploitation, les réactions des concurrents, du marché….

---

[1] Un nouveau produit est un produit nouvellement conçu et lancé sur un nouveau marché alors qu'un produit nouveau a subi quelques changements au niveau de sa composition, de son emballage, de ses caractéristiques, etc.

Ces prévisions et ces estimations comportent toujours un certain degré d'incertitude qui se traduit par un risque associé à chaque décision d'investissement. Certains décideurs, trop prudents prennent mois de risques mais laissent parfois passer des opportunités intéressantes ou se font dépasser par des concurrents plus entreprenants. D'autre part, certaines entreprises ont dû fermer leurs portes ou ont frôlé la faillite à la suite d'un investissement important très risqué.

3.1.2. Les critères d'évaluations de projet d'investissement

L'évaluation financière des projets d'investissement poursuit généralement deux objectifs liés à la nature de la décision à prendre. Elle vise en premier lieu à assurer une comparaison entre projets concurrents entre lesquels doit être défini un ordre de priorité: on parle alors de décision de classement. Elle vise en second lieu à formuler une appréciation sur la valeur intrinsèque d'un projet: on parle alors de décision d'acceptation-rejet.

La décision d'investir dans un quelconque projet se base principalement sur l'évaluation de son intérêt économique et par conséquent, du calcul de sa rentabilité.

La rentabilité d'un projet dépend des coûts qu'il engendre et des gains qu'il procure. Si la somme des gains est supérieure aux coûts de l'investissement, celui-ci est rentable.

Un entrepreneur doit cependant prendre sa décision dans un contexte d'incertitude: un investissement génère des coûts qui ne sont pas précisément connus, les taux d'intérêts sont variables et les conditions économiques ou technologiques sont constamment en évolution.

3.1.3. Les méthodes d'évaluation de projet d'investissement
3.1.3.1. Méthodes comptables de mesure de la rentabilité

1) Le taux de rentabilité moyen

Les méthodes fondées sur la rentabilité moyenne cherchent à mesurer un ratio entre le résultat dégagé par une entreprise et les capitaux qui y sont investis. Il s'agit de la rentabilité comptable qui permet de quantifier la richesse produite par une entreprise. Le taux de rentabilité comptable fait un rapport entre la part de bénéfice annuel moyen sur le montant de l'investissement initial. Il se calcule en appliquant la formule suivante:

$$TRC = \frac{\text{Bénéfice net moyen}}{\text{Investissement}}$$

Ce taux peut être établi de façon prospective. Il permet notamment de fixer un niveau devant être atteint pour justifier un investissement (x %). Dans leur application, elles donnent lieu à des formulations variées selon l'indicateur choisi pour mesurer les résultats annuels (bénéfice comptable, excédent brut d'exploitation ou «cash-flow» net) et la mesure retenue pour les capitaux engagés.

Mais si ces méthodes présentent le mérite de la simplicité, elles comportent aussi une limite essentielle. En effet, elles se réfèrent à des résultats moyens, négligeant ainsi l'instabilité éventuelle de ces résultats et le délai au terme duquel ils sont dégagés (1 F de bénéfice est apprécié de la même façon, qu'il soit obtenu au bout d'un an ou de cinq ans!).

Exemple 1:

Soit un investissement de 40 000 € sur 6 ans. Les bénéfices comptables annuels en Euros: 4 800, 4 500, 4 000, 6 500, 5 000, 4 200. Quels sont:

- Le bénéfice annuel moyen?
- Le taux de rendement comptable?

Solution

$$le\ bénéfice\ net\ moyen = \frac{\sum Résultats\ nets}{n}$$

$$le\ bénéfice\ net\ moyen$$
$$= \frac{4\,800 + 4\,500 + 4\,000 + 6\,500 + 5\,000 + 4\,200}{6}$$

$$le\ bénéfice\ net\ moyen = 4\,833,33\ \$$$

$$TRC = \frac{\text{Bénéfice net moyen}}{\text{Investissement}} = \frac{4\,833,33}{40\,000} = 0,12 = 12\%$$

2) Le délai de récupération du capital investi (DRCI)

Le délai de récupération d'un capital investi est le temps au bout duquel le montant cumulé des cash-flows actualisés est égal au capital investi. L'actualisation est faite aux taux de rentabilité minimum exigé par l'entreprise.

Il s'obtient en cumulant les flux de trésorerie, en rapprochant le montant de l'investissement avec ce cumul, puis en déduisant la durée nécessaire pour obtenir un retour sur investissement.

$$\text{DRC} = \frac{\text{I}}{\text{Flux monétaire net}}$$

Il a pour objectif d'estimer le délai au terme duquel le cumul des recettes nettes d'exploitation ou flux nets de trésorerie sera équivalent au montant des capitaux investis.

Selon une variante de cette méthode, on peut également calculer le délai de récupération en comparant, à la fin de chaque année, le cash-flow cumulé et le coût initial de l'investissement.

$$\sum_{t=1}^{n} \frac{F_i}{(1+t)^n} = I$$

$$\frac{I - \text{cumul inf}}{\text{cumul sup} - \text{cumul inf}} + \text{année de cumul inf} = \text{DRC}$$

L'intérêt d'une telle méthode consiste bien évidement dans la prise en compte du temps, de la durée; elle tend donc à minimiser les risques liés aux choix d'investissements.

Cependant, c'est avec la mise au point de méthodes fondées sur l'actualisation que la prise en compte du temps s'opère de façon pleinement satisfaisante.

Exemple 2

Soit un investissement d'un montant de 15 000 €, d'une durée de 5 ans, générant une recette nette annuelle de 4 000 €. Combien de temps faut-il pour réaliser le «retour sur investissement»?

Solution

N	1	2	3	4	5
Capacités d'autofinancement cumulées	4 000	8 000	12 000	16 000	20 000

L'investissement s'élevant à 15 000 €, le retour sur investissement se réalisera dans le courant de la quatrième année (CAF à la fin de la période 4 = 16 000 €).

$$DRC = \frac{I - cumul\ inf}{cumul\ sup - cumul\ inf} + année\ de\ cumul\ inf$$

$$DRC = \left[\frac{(15\ 000\ € - 12\ 000\ €)}{(16\ 000\ € - 12\ 000\ €)}\right] + 3\ ans$$

$DRC = 3,75$ ans $= 3$ ans et 9 mois

3.1.3.2. Méthodes basées sur l'actualisation

La technique de l'actualisation permet d'évaluer aujourd'hui l'équivalent d'un flux monétaire futur à l'aide d'un taux qui tient compte de l'inflation et du risque encouru par l'investisseur.

$$V_O = V_n(1 + t)^{-n}$$

Avec:

- V_O: valeur actuelle
- V_n: valeur future
- t: taux d'actualisation; Il s'agit du taux de rentabilité minimal défini par l'investisseur. Il est déterminé par rapport au risque encouru, par rapport à d'autres projets et selon le taux du marché financier.
- n: nombre de périodes

1) Valeur actuelle nette:

Une technique de choix des investissements en gestion financière fondée sur l'analyse économique néoclassique est le calcul de la Valeur Actualisée Nette de l'investissement, la VAN qui s'appelle aussi quasi rente actualisée, goodwill, discounted cash-flow. Cette technique s'applique tant à l'investissement physique qu'aux placements financiers.

Ce critère d'évaluation prend en considération l'ensemble des estimations de flux de trésorerie entrants et sortants associés à un investissement et fait appel au principe d'actualisation afin de rendre homogènes les montants perçus ou déboursés à des périodes différentes.

La valeur d'une monnaie n'étant pas constante, il va de soi que 1 Franc aujourd'hui ne vaut plus exactement 1 Franc au bout d'une certaine période. Afin de pouvoir comparer des montants perçus ou dépensés à des moments différents, il faut donc tenir compte de cette modification de valeur.

La Valeur Actuelle Nette (VAN) d'un investissement est la différence entre les cash-flows (flux) actualisés à la date T_0 et le capital investi I:

A l'image de la valeur d'un capital placé à un certain taux d'intérêt, la valeur future (FT) d'un montant initial (VAN) est liée au taux d'actualisation (k) et à la période considérée (T).

$$VA N = -I + \sum_{t=1}^{n} \frac{F_i}{(1 + t)^n}$$

Où:

F_i = Flux monétaire nets des différentes périodes ou recettes nette

I = investissement total

t = coût du capital ou taux d'actualisation

n = nombre d'année ou durée du projet.

Le taux d'actualisation utilisé dans le calcul de la VAN est le taux de rentabilité minimum exigé par l'entreprise.

Nous pouvons alors distinguer trois cas:

- VAN > 0: le projet est rentable (décision d'investissement).
- VAN < 0: le projet est à perte (décision de rejet).

- VAN = 0: le projet est neutre (décision indifférente, cas théorique); le taux d'actualisation égale au taux de rentabilité.

Cependant, la VAN mesure l'avantage absolu, difficile donc de comparer des projets de capitaux initiaux différents avec la VAN. D'où la nécessité d'introduire l'indice de profitabilité.

Exemple 3

Les flux nets de trésorerie générés par un investissement sont les suivants:

N	0	1	2	3	4	5
Flux nets de trésorerie	-1 320	233,33	213,33	286,67	353,33	1 293,33

Quelle est la valeur actuelle nette de ces flux nets de trésorerie au taux d'actualisation de 10 %?

Solution

$$VA\,N = -I + \sum_{t=1}^{n} \frac{F_i}{(1+t)^n}$$

$VA\,N = -1320 + 233,33(1,1)^{-1} + 213,33(1,1)^{-2} + 286,67(1,1)^{-3} + 353,33(1,1)^{-4} + 1293,33(1,1)^{-5}$

$VAN = 328,19$

2) Indice de profitabilité

L'indice de profitabilité (IP) est le quotient de la somme des cash-flows (flux) actualisés par le montant du capital investi.

$$IP = \frac{VA\,N}{I} + 1$$

$$IP = \frac{\textbf{Flux Nets de Trésorerie actualisés}}{\text{Investissement}}$$

Pour qu'un projet d'investissement soit acceptable, il faut que son indice de profitabilité soit supérieur à 1. Il est d'autant plus rentable que son indice de profitabilité est grand.

Nous pouvons alors distinguer trois cas:

- **I.P. > 1:** investissement rentable;
- **I.P. = 1:** équilibre: taux de rentabilité = taux d'actualisation;
- **I.P. < 1:** investissement non rentable.

Exemple 4

Soit un investissement de 1 200 € qui permet de dégager des flux nets de trésorerie d'un montant de 1 648,19 €. Quel est l'indice de profitabilité de cet investissement?

Solution

$$I.P. = \frac{1\,648,19}{1\,200} = 1,37$$

I.P. > 1 donc l'investissement est rentable.

3) Délai de récupération du capital investi (DRC)

Il est analogue à celui de la méthode comptable avec en plus l'actualisation des flux nets de trésorerie d'où plus de précision.

Le délai de récupération *d* d'un capital investi est le temps au bout duquel le montant cumulé des cash-flows actualisés est égal au capital investi.

L'actualisation est faite aux taux de rentabilité minimum exigé par l'entreprise.

$$\sum_{t=1}^{n} \frac{F_i}{(1+t)^n} = I$$

Exemple 5

Déterminer le délai de récupération d'une opération qui présente les caractéristiques suivantes: investissement de 100 000; coût du capital de 10%; cinq flux de 38 000, 50 000, 45 000, 40 000, 20 000.

Solution

Il faut actualiser chaque cash-flow, cumuler les montants obtenus jusqu'à ce que le résultat devienne égale ou supérieur au capital investi 100 000.

Années	1	2	3	4	5
Cash-flows	38 000	50 000	45 000	40 000	20 000
Cash-flows actualisés	34 545	41 322	33 809	27 321	12 418
Cumul	34 545	75 868	109 877	136 997	149 416

A la fin de la 3ème année on a récupéré 109 677, soit une somme supérieure au capital investi. Le délai de récupération est donc entre 2 ans et 3 ans. Par interpolation linéaire on peut trouver une valeur approchée de **d**.

$$DRC = \frac{I - cumul\ inf}{cumul\ sup - cumul\ inf} + année\ de\ cumul\ inf$$

$$DRC = \left[\frac{(100\ 000\ -\ 75\ 868\ )}{(109\ 877\ -\ 75\ 868\ )}\right] + 2\ \text{ans}$$

$DRC = 2,7095\ \text{ans} = 2\ \text{ans et 8 mois}$

4) Taux de rentabilité interne (TRI)

Le TIR est le taux d'actualisation pour lequel:

- La somme des flux nets de trésorerie est égale au montant de l'investissement;
- La valeur actuelle nette est égale à zéro (van = 0).

$$VA\ N = -I + \sum_{t=1}^{n} \frac{F_i}{(1 + t)^n} = 0$$

t: inconnue à rechercher; Pour calculer le taux de rentabilité interne (TRI), il faut nécessairement 2 VAN et 2 taux d'actualisation.

$$\frac{0 - VAN_X}{VAN_Y - VAN_X} = \frac{TRI - t_x}{t_Y - t_x}$$

Exemple 6

Votre société a un projet d'extension et dispose d'1 investissement de 10 000 euros. La première année il génère un autofinancement de 3 000 euros, avec accroissement de 10% les années suivantes. Considérant que cet investissement a une durée de vie de 4 ans et amortissable de façon constante, la valeur résiduelle est nulle au terme de sa durée de vie technologique.

a) Déterminez le flux net de trésorerie engendrés par cet investissement au taux de 12%.
b) Calculez la VAN et le TRI de cet investissement.

Solution

Périodes	1	2	3	4
Flux de trésorerie	3 000	3 300	3 630	3 993
Flux de trésorerie actualisé (12%)	2 679	2 631	2 584	2 538
Flux de trésorerie actualisé (15%)	2 608,7	2 495,3	2 386,8	2 283

$$VAN\ (12\%) = -I + \sum_{t=1}^{n} \frac{F_i}{(1+t)^n} = -10\ 000 + 10\ 432 = 432$$

$$VAN\ (15\%) = -I + \sum_{t=1}^{n} \frac{F_i}{(1+t)^n} = -10\ 000 + 9773,8 = -226,2$$

$$\frac{0 - VAN_X}{VAN_Y - VAN_X} = \frac{TRI - t_x}{t_Y - t_x} \rightarrow \frac{0 - 432}{-226,2 - 432} = \frac{TRI - 0,12}{0,15 - 0,12}$$

$$\rightarrow TRI = 0,13968 = 13,968\%$$

3.2.   Planification de la demande

C'est un processus par lequel, on détermine le potentiel du marché et les produits requis pour satisfaire les objectifs de ventes. La détermination du potentiel du marché se fait par l'évaluation des tendances et croissances du marché; c'est un processus d'anticipation des changements. La planification de la demande comprend 3 phases principales:

3.2.1.   Planification des marchés

A partir de la détermination des besoins des consommateurs par une étude de marché, on évalue le potentiel du marché et la part qu'on peut espérer en acquérir.

Cette part doit être évaluée par rapport aux objectifs de vente. La planification du marché inclut aussi l'analyse de la compétition au niveau de l'industrie.

Ici, on tient compte de:

Potentiel de marché: limite des ventes qui pourraient être atteintes pour toute industrie avec un effort de Marketing infiniment grand;

Ventes potentielles: limite des ventes que pourrait atteindre une compagnie si elle déployait un effort de marketing très grand durant une certaine période;

Effort de marketing: toutes les ressources mises dans le programme de marketing (produit, qualité, prix, aspect physique, promotion, publicité, délai de livraison, garantie, service après-vente …);

Prévisions des ventes: quantités que l'on espère vendre étant donné le niveau d'effort de marketing.

Figure n° 5: Processus de planification des marchés

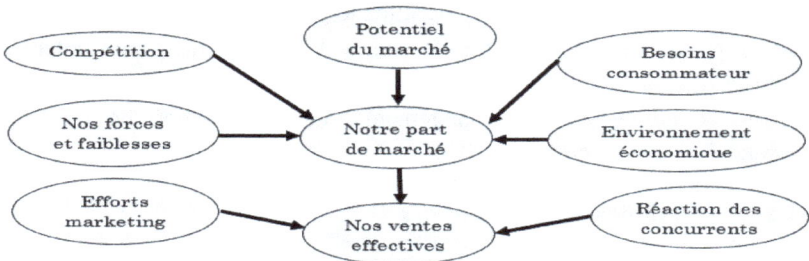

Source: Niang A, et Gueye, C., (2007).

3.2.2.   Planification des produits

Elle concerne les spécifications des produits (quantités, fonctionnalité, maintenabilité, standardisation, durabilité, fiabilité…) et l'analyse du cycle de vie des produits. En effet un produit (bien ou service) ne peut avoir le même niveau de ventes durant toute son existence. Le cycle de vie d'un produit est représenté dans la figure suivante:

Figure 6: le cycle de vie d'un produit

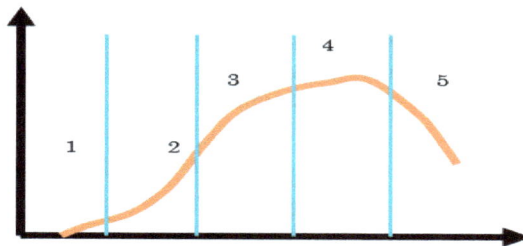

Généralement la vie d'un produit passe par les étapes suivantes:

Prototype (1): le produit est en développement, en gestation, les couts sont importants et la rentabilité du produit est nulle. Pendant cette étape le produit représente une perte pour l'entreprise. C'est la phase où le produit est introduit dans le marché. Elle est très délicate dans la mesure où beaucoup d'efforts (publicité, promotion, investissement…) devront être faits pour que le produit soit accepté par le marché.

Lancement (2): le produit arrive sur le marché, les couts liés à la promotion et à la production du produit ne lui permettent pas d'être rentable.

Croissance (3): Le produit est déjà accepté par le marché, donc le niveau de ventes augmente sensiblement et le produit devient rentable pour l'entreprise grâce aux économies d'échelle. Cependant, cette période est aussi favorable pour la concurrence qui en profite pour introduire dans le marché des produits similaires. Ainsi, un effort de marketing soutenu doit être maintenu pour permettre au produit de continuer sa croissance;

Maturité (4): Le produit est définitivement accepté et s'est imposé dans le marché. Il a pu résister avec succès à la concurrence et sa rentabilité est avérée. Les retombées de l'investissement et de l'effort de marketing se font sentir. Le produit ne connait plus de croissance, il ne gagne ni ne perd de part de marché. La rentabilité est forte mais elle stagne. Les couts de production sont faibles car le processus est maitrisé. Cependant il est impératif de continuer la promotion du produit, dont les couts ne peuvent pas être réduits, car elle garantit la longévité de ce produit. A cette étape, l'entreprise a tout intérêt à investir dans de nouveaux produits en injectant les profits liés à la rentabilité du produit mature dans l'innovation.

Déclin (5): Un produit dont le cycle de vie est relativement long, atteindra éventuellement un point de saturation dans le marché (tous ceux qui voulaient l'acquérir en disposent déjà ou bien la produit est devenu obsolète). Ainsi le niveau des ventes diminue considérablement de même que les parts de marché. Ainsi, une analyse de marché et des efforts d'amélioration du produit devront être menés pour permettre au produit de se maintenir. Dans le même temps, un programme de recherche développement sera initié pour créer de nouveaux produits qui seront introduits ultérieurement dans le marché. Le produit est en fin de vie, ses parts de marché et sa rentabilité diminuent. Ce déclin est le signe d'une perte d'intérêt des consommateurs envers ce produit ou de l'arrivée d'un produit de substitution venant s'accaparer le marché du produit vieillissant.

N.B: certains produits profitent d'une étape de maturité plus longue que d'autres, certains produits semblent même rester mature indéfiniment sans connaitre de déclin. C'est le cas de certaines grandes marques comme Coca Cola qui possèdent un produit mature depuis maintenant plusieurs dizaines d'années.

Il existe une multitude d'éléments qui peuvent influencer le cycle de vie d'un produit. Néanmoins, selon la théorie de la diffusion de l'innovation, ce sont surtout trois facteurs qui définissent le cycle de vie du produit, c'est à dire sa vitesse d'adoption, l'ampleur de sa croissance ainsi que son déclin sur le marché.

Les trois facteurs qui définissent le cycle de vie d'un produit sont:

- La différenciation du produit: se caractéristiques, son prix, ses canaux de distribution et de promotion (les 4P du mix marketing).
- Les attentes et habitudes des consommateurs.
- La taille de groupes de profils types clients ciblés par le produit.

3.2.3.   Planification des ventes

C'est l'établissement des prévisions de vente et la détermination des ressources requises (stock, effort de marketing...) pour vendre les produits identifiés dans le plan des produits. Le plan des ventes est un compromis entre les plans de marché et des produits, la prévision des ventes et la demande réelle.

3.3.   Nature et utilisation de la prévision

Il faudra différencier prévision et prédiction. En effet une prévision vise à déterminer un événement futur à partir de données quantitatives passées. Une prédiction tend aussi à déterminer un événement futur, mais en y ajoutant des éléments subjectifs.

La prévision est un prélude à la planification; Elle permet de déterminer ce qui est susceptible d'arriver tandis que la planification sert à définir ce qu'on souhaite voir se produire. La prévision permet donc à une entreprise de se définir une zone d'objectifs réalistes, et la planification lui permet de mettre en œuvre des moyens servant à réduire l'écart entre la situation anticipée et la situation souhaitée pour répondre aux objectifs.

C'est au service marketing (commercial) que revient la tâche d'établir les prévisions, d'où vont découler les objectifs de ventes. Les responsables de la production, avec leur connaissance de l'appareil de production doivent amender ces objectifs avant qu'ils ne soient approuvés par la direction.

La prévision est principalement utilisée dans les contextes suivants:

- La planification de la stratégie globale de l'entreprise;
- La répartition des ressources internes;
- La décision d'accroissement de la capacité;
- La détermination de la nature et la quantité des stocks.

Il faut noter cependant les aspects suivants relatifs à toute prévision:

- Une prévision ne peut jamais être rigoureusement exacte, il existera toujours des incertitudes. Ainsi les erreurs sont inévitables et doivent être prises en compte;
- Toute prévision doit inclure une estimation ou calcul d'erreur.

En effet étant donné qu'une prévision est par définition inexacte, il s'agit donc de définir l'erreur en termes de pourcentage.

- Il est mieux d'effectuer la prévision pour un groupe ou une famille d'article que pour un article isolé, ceci dans le but de relativiser le pourcentage d'erreur;
- La prévision est beaucoup plus précise sur des périodes restreintes que sur de larges périodes.

3.3.1. Caractéristiques de la demande (vente)

Le terme demande sera utilisé dans ce cours au lieu de ventes. En effet les ventes renvoient à ce qui est réellement vendue, tandis que demande indique le besoin pour un article donné.

Caractériser une demande revient donc à représenter les données historiques (s'il y a lieu) sur une courbe, ainsi un ou plusieurs des aspects suivants apparaîtront.

Une moyenne: Les données historiques tournent autour d'une certaine valeur ce qui montre une certaine stabilité de la demande.

Une tendance: Les données historiques varient uniformément d'une période à l'autre; En d'autres termes la demande peut augmenter ou diminuer à un taux constant.

Une saisonnalité: Les données historiques varient en fonction de la période considérée. Ces variations peuvent être le résultat du climat, des vacances ou de n'importe quel autre événement saisonnier. La saisonnalité ne mesure pas toujours sur une base annuelle, elle peut apparaître sur une base hebdomadaire ou même journalière. La demande pour un restaurant varie suivant l'heure de la journée, tandis que pour un supermarché c'est plutôt suivant le jour de la semaine.

Le hasard: Plusieurs facteurs qui peuvent affecter la demande sur une période déterminée apparaissent sous une forme aléatoire. Cette variation peut être aussi bien à petite échelle qu'à grande échelle.

3.3.2. Recensement et préparation des données

Les prévisions sont très souvent basées sur des données historiques qu'on manipule d'une façon ou d'une autre en utilisation un jugement de valeur ou des techniques statistiques. Ainsi la qualité d'une prévision ne dépend que de la pertinence des données historiques. Pour avoir des données historiques pertinentes, les deux principes suivants doivent être appliqués:

- L'enregistrement des données doit obéir aux mêmes critères;
- Les circonstances relatives aux données doivent être identifiées.

3.3.3. *Les techniques de prévision de la demande*

Il y a deux principales techniques de la prévision à savoir les techniques qualitatives et les techniques quantitatives.

3.3.3.1. Techniques qualitatives

Ce sont des projections basées sur des jugements, des intuitions ou des avis d'experts. Elles sont donc par définition subjectives. Ces techniques sont utilisées généralement pour prévoir les tendances globales d'une activité, mais aussi la demande potentielle de grandes familles de produit sur une période assez grande. Par conséquent, les techniques qualitatives sont plutôt utilisées par le Senior Management.

On les utilise aussi dans le cas d'une non disponibilité de données historiques (introduction d'un nouveau produit). Elles comprennent quatre principales méthodes.

Méthode DELPHI: basée sur l'opinion d'experts, elle vise l'obtention d'un consensus. Le premier consiste à recueillir en premier lieu l'opinion de chaque expert. Les opinions transcrites sont ensuite distribuées aux mêmes experts pour discussion. Une deuxième série d'opinion en ressortira. Souvent une troisième série sera nécessaire afin d'obtenir le consensus. Ce consensus peut être représenté par un intervalle plutôt que par un seul nombre; dans ce cas, l'avantage majeur est l'étendue des facteurs considérés, tandis que l'inconvénient est la tendance des extrêmes à se rapprocher du centre.

Les études de marché: en testant des produits spécifiques auprès des clients potentiels, on tente de déterminer la disposition des clients à payer le produit, donc de déterminer les ventes possibles.

Les opinions des gestionnaires et des vendeurs: elles sont souvent basées sur la préparation de prévisions par les vendeurs. Tant les gestionnaires que les vendeurs connaissent bien le marché et peuvent fournir rapidement des prévisions peu coûteuses. Ils tiennent souvent compte de facteurs divers qui peuvent influencer les ventes des différents produits. Le danger majeur provient du biais qui est souvent introduit: ils doivent alors en déterminer la direction. En général, ce type de prévision est souvent optimiste, sauf lorsque les vendeurs ou les gestionnaires obtiennent des bonis si les chiffres réels dépassent les prévisions.

L'analogie avec des situations passées: l'évolution des ventes d'un nouveau produit peut bien correspondre à celle de produits passés semblables (exemple: charbon de bois/gaz, cube Maggi/cube Jumbo…).

3.3.3.2. Techniques quantitatives ou Analyse des séries temporelles (chronologiques).

Ce sont des techniques basées sur la statistique. Elles sont utilisées dans le cas où l'on dispose des données sur plusieurs périodes passées et quand ses données présentent des tendances et des relations évidentes et stables. Les principales méthodes utilisées sont: la moyenne mobile, le lissage exponentiel, la régression linéaire.

3.3.4. Gestion de la qualité

Nous allons discuter brièvement de la gestion de la qualité, comme exemple typique d'une variable dont la gestion est entrée récemment dans le domaine stratégique (Graves, Rinnooy Kan et Zipkin (1993), Juran (1993), McClain, Thomas et Mazzola (1992).

Informellement, on appelle qualité d'un produit la mesure dans laquelle ce produit est conforme aux attentes et exigences de l'utilisateur. Plus formellement, l'Organisation Internationale de Normalisation (ISO) définit la qualité comme «l'ensemble des caractéristiques d'une entité qui lui confèrent l'aptitude à satisfaire des besoins exprimés ou implicites», où le terme entité peut désigner un produit, une activité, un processus, un système, etc. Il ne faut donc pas confondre qualité et luxe: un crayon ou de l'eau peuvent être de bonne ou de mauvaise qualité.

A ses débuts, la gestion de la qualité se limitait essentiellement à deux aspects:

- Le contrôle de la qualité des produits effectué à la sortie du processus de production, souvent par échantillonnage statistique;
- La gestion du service après-vente, éventuellement sous couverture de garantie.

Les inconvénients liés à ces approches sont nombreux. D'une part, elles génèrent souvent des coûts élevés, qu'ils soient directs ou indirects: coût de l'inspection, mise au rebut ou réparation/adaptation des articles ne satisfaisant pas aux spécifications, réparation des articles défaillants sous garantie, etc. (Plus généralement, certains auteurs estiment que le coût de la qualité, c'est-à-dire les coûts totaux liés au manque de qualité peuvent s'élever à 20% du chiffre d'affaires d'une entreprise; cité par McClain et al. 1992, p.132).

D'autre part, le contrôle de qualité par échantillonnage est, par sa nature même, imparfaite et incomplète. Rappelons brièvement son principe de base. Pour contrôler la qualité d'un lot de production (ou d'un approvisionnement), on en extrait un échantillon et on analyse la qualité de chacun des articles inclus dans l'échantillon. Si X% (où X est un paramètre fixé à l'avance) de ces articles sont jugés satisfaisants, alors le lot est accepté. Sinon, il est rejeté.

Le contrôle par échantillonnage admet donc explicitement la mise en vente de produits de qualité inférieure ou défectueux, tant qu'il n'y en a pas trop! Mais en pratique, cette tactique peut résulter en une perte de confiance des consommateurs et, dans des contextes de vive concurrence, par une perte de compétitivité et une diminution des parts de marché.

Plus grave encore, le contrôle par échantillonnage peut se révéler tout-à-fait inapproprié dans certaines situations, par exemple lorsque la conformité du produit doit être assurée à 100% (pensons aux normes de sécurité des installations nucléaires ou, plus près de notre expérience quotidienne, aux exigences placées sur la qualité des pneus de notre voiture; voir le cas «Ford et les pneus Firestone» en annexe).

Enfin, le contrôle effectué en fin de processus ou les observations glanées lors des réparations après-vente ne permettent qu'un feedback tardif et souvent très imparfait (ou même totalement absent) vers la source des problèmes (voir l'expérience de Xerox, citée en exemple par Juran1993).

Les managers japonais, plus prompts que leurs concurrents occidentaux à réagir au message des consultants (américains!) Deming et Juran, ont été les premiers à appréhender toute l'ampleur de ces problèmes et à prendre des mesures effectives pour y remédier. Cette prise de conscience s'est à présent répandue à l'ensemble du monde industrialisé, où le remède le plus couramment préconisé est celui de l'adoption du principe de la Gestion de la Qualité Totale (Total Quality Management).

Ce principe vise essentiellement à gérer et à assurer la qualité des produits (C'est-à-dire, la conformité de ces produits à leurs spécifications) tout au long des différentes étapes de la production plutôt qu'à son terme seulement.

Le but ultime est donc de ne produire que des unités de qualité parfaite, c'est-à-dire sans défauts: il faut assurer la conformité sans avoir à la tester. Cette approche contraste fondamentalement avec l'approche plus traditionnelle qui vise seulement à ne mettre sur le marché que des produits conformes.

Les méthodes mises en œuvre par les programmes de Qualité Totale sont très variées. Citons-en quelques-unes...

- **Amélioration de la conception du produit**, de façon à mieux répondre aux besoins du consommateur d'une part (cf. la définition de la qualité et le cas «Ford et les pneus Firestone») et à faciliter la fabrication du produit, donc à diminuer le nombre de défauts d'autre part (conception pour la manufacturabilité). Les méthodes de «déploiement de la fonction qualité» fournissent un outil d'implantation de cette stratégie (Cohen 1995).

- **Amélioration de la conception du processus de production**, de façon à minimiser les risques d'erreurs; par exemple, automatisation ou informatisation de certaines étapes, diminution du nombre de réglages nécessaires, etc. (chez Philips, on minimise le nombre de changements d'outils nécessaires sur les machines d'assemblage automatisé des circuits imprimés, en interdisant les changements pendant des périodes de plusieurs semaines consécutives; ceci entraîne une perte de flexibilité et donc apparemment de productivité, mais diminue aussi fortement les risques d'erreurs). Les améliorations de processus peuvent par exemple être prises sur l'initiative de cercles de qualité (CQ), c'est-à-dire de groupes d'ouvriers ou d'employés discutant ensemble des problèmes qu'ils rencontrent dans leurs activités, et cherchant des solutions à ces problèmes. Les CQ reçoivent une formation à des méthodes simples d'analyse de problèmes et d'analyse statistique. Leur contact quotidien avec le processus et ses défauts leur permet souvent de détecter rapidement les problèmes qui surgissent et d'y trouver des solutions parfois très simples.
- **Formalisation et documentation des procédures**: «Ecrire ce que l'on va faire. - Faire ce que l'on a écrit. - Ecrire ce que l'on a fait.» Cette pratique vise notamment à imposer le respect des spécifications du produit (dans la mesure, notamment, où les caractéristiques du produit sont largement déterminées par les procédures utilisées lors de sa fabrication). La documentation écrite permet également d'informer le client ou le donneur d'ordre, de manière convaincante, sur la façon dont a été réalisé le produit. La documentation des procédés fait partie intégrante des exigences reprises dans les normes d'assurance qualité adoptées internationalement (telles les normes ISO9000,...).
- **Modification de la mentalité des acteurs de l'entreprise**: chacun est amené à se considérer comme le consommateur des produits livrés par les services situés en amont de la chaîne et comme le fournisseur des services situés en aval. Il ne faut donc ni accepter ni livrer des produits de qualité inférieure. Un tel état d'esprit est favorisé par l'adoption de modes de production Juste-A-Temps où les faibles niveaux de stocks mettent immédiatement à jour les défauts éventuels (il n'est plus possible de simplement mettre au rebut les pièces défectueuses livrées par le poste amont, sans risquer de se trouver immédiatement à court de ces pièces).
- **La qualité est vue dans un cadre d'amélioration permanente de l'organisation**: il n'est donc pas uniquement question de chercher à

atteindre un niveau de performance prédéterminée et de s'y maintenir, mais bien de chercher à améliorer ce niveau de façon continue (Permanent Improvement). En d'autres termes, le standard de qualité visé (mais jamais atteinte) devrait être celui de la perfection absolue (de là les slogans de type 'Zéro défaut', 'Zéro stock', etc).

Nous tirerons deux conclusions de cette brève discussion de la gestion de la qualité. Tout d'abord, les améliorations de qualité peuvent souvent être atteintes à un coût relativement modeste et par des moyens simples (par exemple, en les gérant dans la phase de conception du produit ou en utilisant l'expertise des ouvriers). De telles améliorations peuvent simultanément résulter en un accroissement de la compétitivité de l'entreprise et en une diminution de ses coûts de production (Cadillac mentionne une réduction de 30% de ses coûts de réparations sous garantie, réduction obtenue en 4 ans malgré l'allongement simultané de la garantie de 1 an à 4 ans; cité par McClain et al. 1992).

Cependant (et ce sera là notre seconde conclusion), il est essentiel de voir que les remèdes évoqués ci-dessus impliquent des changements fondamentaux dans la façon dont est perçue la gestion de la qualité au sein de l'entreprise.

On y retrouve en effet un glissement:

- Du contrôle (ex post) vers la planification (ex ante);
- De la notion de qualité du produit vers celle de qualité de la conception et des processus,
- D'une activité opérationnelle vers une préoccupation stratégique.

Ces changements ne peuvent être mis en œuvre qu'au prix d'un engagement total de toutes les forces de l'entreprise (l'amélioration de la conception des produits nécessite par exemple l'implication d'équipes interdisciplinaires, bureau d'études, marketing, production, service après-vente, etc.; les cercles de qualité ou le JAT impliquent toute la chaîne productive).

En particulier, la direction de l'entreprise doit jouer un rôle direct dans la gestion de la qualité, qui devient donc un instrument de gestion stratégique (au Japon, la qualité est souvent du ressort direct du Directeur Général).

Chapitre 4. GESTION DES APPROVISIONNEMENTS

4.1. Généralités sur la gestion des approvisionnements

La gestion de l'approvisionnement au sein d'une entreprise est une composante centrale de son activité. Lorsqu'elle est performante, elle limite le sur-stockage et encourage la rentabilité de la société dans son ensemble.

La gestion des approvisionnements est conditionnée non seulement par le cout d'achat des matières premières mais aussi par le cout de gestion du stock. Si le but d'approvisionnements est d'assurer la programmation des besoins et la gestion au quotidien des stocks, les achats concerneront, plus particulièrement, toutes les relations avec les fournisseurs.

Plusieurs modèles et méthodologies existent. La meilleure est celle qui tient compte des spécificités du secteur d'activité de la société et de ses besoins. Les choix réalisés pour l'approvisionnement sont décisifs dans la stratégie d'une entreprise.

L'approvisionnement pour une entreprise est le fait d'acheter des marchandises pour:

- Les mettre en vente;
- Les utiliser dans la fabrication de bien;
- Les stocker.

L'approvisionnement a pour but de répondre aux besoins de l'entreprise en matière de produits ou de services nécessaires à son fonctionnement. En d'autres termes, l'approvisionnement consiste en l'achat des marchandises, matières, pièces... qui seront revendus, transformées ou encore stockées.

L'approvisionnement est essentiel à l'activité de l'entreprise. Pour les artisans, cela signifie se fournir en matériaux pour la fabrication des produits. Dans le cas d'une startup, il s'agit par exemple d'acheter les pièces nécessaires à la fabrication d'un produit technologique.

Toute dépense qui entre dans la mise en œuvre du produit final est soumise à la stratégie d'approvisionnement de la société. Un approvisionnement mal géré en termes de cout et de volume est une source de dépenses qui peut créer des pertes.

A l'inverse, un flux d'approvisionnement bien géré permet de réaliser les achats appropriés, au bon moment et pour un prix qui favorise la réalisation de bénéfices.

4.2. Méthodes de gestion des approvisionnements

Plusieurs méthodologies existent en ce qui concerne les stratégies d'approvisionnement. Aucune n'est meilleure qu'un autre. Les décisions doivent être prises uniquement selon les besoins de l'entreprise. Optimiser les approvisionnements, c'est gagner de l'argent. La gestion des approvisionnements doit être optimisée afin de minimiser les risques de surstockage.

4.2.1. Par analyse prévisionnelle

Pour optimiser la gestion des approvisionnements, il faut prévoir. Les prévisions sont calculées selon deux méthodes principales: la méthode empirique et la méthode prévisionnelle.

1) La méthode empirique

Pour gérer les approvisionnements, la méthode dite empirique se base sur l'historique des ventes. Pour satisfaire la demande des consommateurs et du marché, la moyenne des ventes est établie et les chiffres de l'année précédente sont analysés.

L'analyse des besoins de l'année précédente détermine les budgets et les demandes faites auprès des fournisseurs. Les ventes réalisées durant le dernier exercice permettent d'établir la stratégie.

2) La méthode prévisionnelle

La méthode dite prévisionnelle de gestion des approvisionnements tient également compte des ventes réalisées, mais elle analyse en plus le contexte économique et l'évolution de la demande.

Très similaire à la méthode empirique, la méthode prévisionnelle est complétée par des études de marché et des analyses concurrentielles. En complément, plusieurs bonnes pratiques sont à mettre en place chez les collaborateurs.

La gestion de l'approvisionnement se fait parallèlement à celle des achats. La mise en concurrence des fournisseurs et la négociation de contrats permettent de diminuer les couts.

4.2.2. En fonction de la demande

Méthode	Description	Principe
Le JAT (juste à temps)	Le juste à temps limite les stockages en achetant uniquement à la demande. Comme son nom l'indique, le JAT ne réalise pas de prévision des besoins.	- Les achats se font selon la demande - Aucune anticipation n'est admise. - Le stockage est nettement réduit
Le KANBAN	Le KANBAN consiste à mettre en place un stock minimum. Les commandes passées par les clients permettent de moduler le volume d'achat réalisé.	- Les achats se font selon les commandes - Un stock minimum est mis en place. - L'approvisionnement est progressif et varie selon le volume de commandes
Le management des ressources de production (MRP)	Le Management de ressources de production est essentiellement utilisé lors de l'achat de pièces et de composants. Les volumes achetés dépendent des besoins de production. C'est une méthodologie courante chez les artisans.	- Les achats se font en fonction des besoins dd fabrication - Cette méthode concerne majoritairement l'achat de composants.

4.2.3. Par l'analyse financière

La rentabilité d'une entreprise dépend, en grande partie de la gestion des approvisionnements. En effet, ceux-ci représentent en moyenne la moitié du cout de revient de la marchandise mise en vente.

Une analyse financière réalisée par les dirigeants de la société ou le directeur administratif et financier (DAF) permet de choisir la meilleure méthode.

Parmi les règles de gestion mises en place par les entreprises, 3 sont particulièrement courante pour la prise en charge de la sortie des stocks:

- FIFO (first in, first out);
- LIFO (last in, first out);
- FEFO (first expired, first out).

Ces trois principes permettent la valorisation au cout réel des marchandises, afin de matérialiser financièrement leurs sorties des stocks de la société.

4.3. Taches et objectifs de l'approvisionnement

4.3.1. Objectifs de l'approvisionnement

Nous pouvons regrouper 6 objectifs d'approvisionnement, à savoir: (1) Prix/coût, (2) Continuité, (3) Flexibilité, (4) Qualité, (5) sécurité, et (6) Délais. La figure ci-dessous détaille ces différents objectifs:

Figure n°7: Objectifs de l'approvisionnent

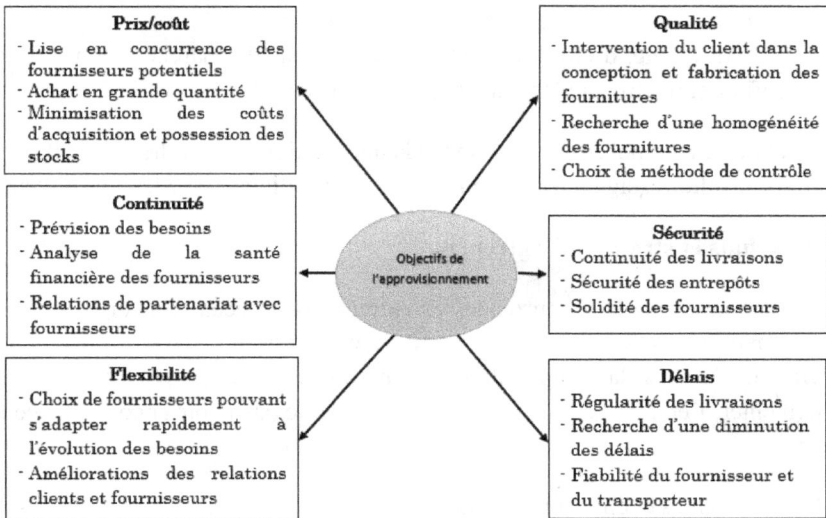

Prix/coût	Qualité
- Lise en concurrence des fournisseurs potentiels - Achat en grande quantité - Minimisation des coûts d'acquisition et possession des stocks	- Intervention du client dans la conception et fabrication des fournitures - Recherche d'une homogénéité des fournitures - Choix de méthode de contrôle

Objectifs de l'approvisionnement

Continuité	Sécurité
- Prévision des besoins - Analyse de la santé financière des fournisseurs - Relations de partenariat avec fournisseurs	- Continuité des livraisons - Sécurité des entrepôts - Solidité des fournisseurs

Flexibilité	Délais
- Choix de fournisseurs pouvant s'adapter rapidement à l'évolution des besoins - Améliorations des relations clients et fournisseurs	- Régularité des livraisons - Recherche d'une diminution des délais - Fiabilité du fournisseur et du transporteur

4.3.2. Tâches de l'approvisionnement

- Rechercher, sélectionner les fournisseurs et négocier avec eux;
- Fournir les informations dans ce domaine à tous les services utilisateurs;
- Gérer les stocks;
- Analyser l'utilisation des achats dans les différents services;
- Contrôler les réceptions des commandes;
- Suivre les livraisons de commandes: programmer, passer les commandes d'achats.

4.4. Organisation de la fonction approvisionnement

La fonction comprend généralement trois services: un service «études»; un service «achat»; et un service «magasins et stocks».

4.4.1. Fonction achat

A. Missions de la fonction achats

Les missions de la fonction achat sont:

- **A court terme**, de procurer les produits demandés, conformes en quantité, qualité et délai avec un niveau de service en conformité avec la politique d'approvisionnement élaborée par l'entreprise;
- **A long terme**, d'être à l'écoute des évolutions du marché amont afin de définir et mettre en place une stratégie d'achat.

La fonction achat repose sur la relation et la négociation (recherche des meilleures conditions, solidité, signature du contrat au sens juridique) avec les fournisseurs.

B. Achats et stratégie d'entreprise

Face à la poussée de la concurrence, les entreprises se recentrent sur leur métier et externalisent toutes les activités qui ne caractérisent pas leur savoir-faire spécifique. De plus, la complexité des technologies mises en œuvre ne cessant d'augmenter, l'entreprise fait souvent le choix de ne pas avoir la compétence en interne.

La fonction achats évolue donc de plus en plus vers l'achat de fonctions complètes (prestation intellectuelle et industrielle): l'achat de sous-traitance devient maintenant une préoccupation majeure dans un bon nombre de grandes entreprises.

Les entreprises sont amenées à considérer les fournisseurs comme de véritables partenaires avec lesquels elles sont amenées collaborer en les associant dans la conception des nouveaux produits. La fonction achats se trouve ainsi associée très tôt dans le processus de conception.

La sélection des fournisseurs ne se fait plus uniquement sur le prix, la qualité et les délais de mise à disposition des produits mais elle doit, maintenant, intégrer les aspects de services associés, de capacité de conception, de confidentialité… faisant du fournisseur un véritable partenaire.

C. Sélection des fournisseurs

Les achats s'assurent de la qualité de l'expression des besoins et de la bonne rédaction des cahiers des charges car il a la responsabilité juridique en rédigeant les marchés et les contrats d'approvisionnement.

Afin de minimiser les délais d'approvisionnement, le service achats doit avoir une faculté d'anticipation en recherchant des fournisseurs potentiels et en effectuant des consultations de prix avant même l'expression exacte des besoins.

Dans le cas de nouveaux fournisseurs, le service achats mettra en œuvre des procédures de contrôle strict des produits pouvant aller jusqu'à la définition d'une procédure d'homologation des produits ou des fournisseurs eux-mêmes.

La sélection des fournisseurs doit se faire dans le cadre de la stratégie d'achat. Pour cela, on peut avoir:

- Un fournisseur en exclusivité si on recherche un niveau de qualité précis, un produit précis ou un produit protégé par un brevet;
- Plusieurs fournisseurs pour un même produit. On vise alors une diversification des sources afin de s'assurer une sécurité d'approvisionnement. Généralement, dans ce cas, on aura un fournisseur principal avec lequel on négociera des prix et des délais serrés et un ou plusieurs fournisseurs secondaires qui permettront d'assurer souplesse et sécurité.

Le processus de sélection s'effectue en deux grandes étapes:

- Tout d'abord une présélection doit être conduite pour connaître une liste de fournisseurs potentiellement éligible lors de consultations futures. Pour cela on appréciera le fournisseur sur des informations annoncées *a priori* (compétences techniques, certifications, fourchettes de prix…). Cette présélection s'effectue sur une connaissance du marché, par la bouche à oreille, par des visites à des salons, par lecture de revues, magazines, catalogues (Kompass…);
- Sélection proprement dite sur une cotation des prestations annoncées par le fournisseur lors d'une consultation par appel d'offre. Cette appréciation s'effectue sur une analyse multicritère qu'il faudra pondérer (compétence technique, prix, qualité, délai, conditions de livraison, prestations associées, souplesse d'adaptation, santé financière, notoriété…).

Le choix des fournisseurs tient compte des facteurs ci-après:

- Le prix;
- La qualité (respect du cahier des charges fixant les exigences techniques);

- Les délais de livraison et leur respect;
- Le service après-vente (maintenance des biens de production: machines, ordinateurs...).
- Les facilités de paiement
- La sécurité (régularité et sureté des approvisionnements)
- La garantie
- La localisation.

4.4.2. La fonction stock

Un stock est un ensemble de matières, de pièces ou de produits en cours de fabrication ou finis servant à faciliter la production ou encore à satisfaire à une demande interne formulée par un des divers services d'une entreprise, où à une demande externe provenant des clients.

La valeur des stocks constitue très souvent une importante part des actifs de l'entreprise (20 à 60%) qu'on ne peut malheureusement pas supprimer. Ainsi les stocks jouent un rôle déterminant dans toutes les étapes du cycle de production.

La gestion des stocks s'occupe de la planification et du contrôle des stocks depuis la matière première jusqu'aux produits finis. Ainsi le stock et la production ne peuvent être gérés séparément et doivent être par conséquent coordonnés.

Gérer les stocks permet de:

- Satisfaire la demande du client;
- Eviter le sur stockage;
- Eviter les ruptures de stocks.

Les stocks sont de natures différentes. Certains sont des stocks «subis», c'est-à-dire involontaires, alors que d'autres sont «voulus», car inhérents au mode de production. En énumérant un certain nombre de stocks, nous remarquerons qu'il est parfois délicat de les classer dans une seule de ces catégories.

Cherchons l'origine des stocks subis:

- Ils se forment en raison d'erreurs dans les prévisions de la demande;
- Ils apparaissent parce que l'on produit plus que nécessaire (en raison des aléas de fonctionnement), d'où la tendance des stocks à se gonfler;
- Ils se constituent du fait de la production par lots;

- Ils se forment en raison de la différence de rythme des moyens de production.

Les stocks voulus peuvent également provenir de plusieurs sources:

- Production anticipée en raison du long délai qui s'écoule entre la commande et la production;
- Production anticipée pour niveler les fluctuations de la demande;
- Stocks nécessaires pour compenser les irrégularités dans la gestion de la fabrication (usinage), du contrôle et des transports;
- Stocks de précaution pour le cas de pannes des machines ou produits défectueux;
- Stocks résultant de la production d'un lot de grande taille en prévision des temps importants de mise en route des séries.

Si l'on considère l'investissement non productif que représentent les stocks, on note qu'il est fondamental pour une entreprise de chercher à les réduire le plus possible. Toutefois, cette réduction ne doit pas se faire de façon aveugle, sinon elle risque d'engendrer des ruptures et des retards de livraison.

La diminution des stocks est toujours corrélée à une réduction du délai de production. On ne diminue pas les stocks, les stocks se réduisent suite aux actions menées sur le processus de production telles que:

- La prévention des pannes de machines (maintenance);
- La réduction du nombre de produits défectueux (amélioration de la qualité);
- La réduction des temps de mise en route ou temps de changement de série;
- L'amélioration de la gestion de production dans l'entreprise par la mise en œuvre des méthodes que nous exposerons dans cet ouvrage.

Les stocks peuvent remplir les fonctions suivantes:

- **Transit:** Les stocks jouent un rôle de transit dans le transport nécessaire des matières premières et des composants, du fournisseur jusqu'au lieu de production, des produits en cours d'une étape à la suivante, et des produits finis du lieu de production aux points de vente;

- **Cycle:** Les stocks contribuent à la production suffisante de biens, permettant de réduire le nombre de mises en route ou de commandes et, par le fait même, les frais afférents;
- **Sécurité**: Les stocks constituent pour l'entreprise une protection contre l'incertitude due aux variations de la demande et des délais de livraison;
- **Anticipation**: Les stocks permettent à l'entreprise d'affronter les hausses de prix et autres contraintes du marché, d'éviter ou de minimiser les pénuries et de faire face aux variations de la demande. Ils jouent un rôle préventif;
- **Tampon:** Les stocks tampons, emmagasinés entre les différents postes de travail, permettent à l'entreprise d'éviter la dépendance trop étroite entre des opérations successives ou encore vis-à-vis d'un fournisseur. Par conséquent, des problèmes temporaires à un endroit donné ne forcent pas l'arrêt de toutes les autres opérations de production

Chapitre 5. GESTION DES STOCKS

5.1. Généralités sur la gestion des stocks

Un stock est un ensemble de matières, de pièces ou de produits en cours de fabrication ou finis servant à faciliter la production ou encore à satisfaire à une demande interne formulée par un des divers services d'une entreprise, où à une demande externe provenant des clients.

La valeur des stocks constitue très souvent une importante part des actifs de l'entreprise (20 à 60%) qu'on ne peut malheureusement pas supprimer. Ainsi les stocks jouent un rôle déterminant dans toutes les étapes du cycle de production.

La gestion des stocks s'occupe de la planification et du contrôle des stocks depuis la matière première jusqu'aux produits finis. Ainsi le stock et la production ne peuvent être gérés séparément et doivent être par conséquent coordonnés.

La gestion des stocks consistera donc à organiser au mieux un sous ensemble de l'entreprise composé de trois éléments: les flux d'entrées, les articles en attentes, et les flux de sorties. Aussi faut-il prévoir une organisation des magasins et des tâches administratives s'y rapportant.

Le rôle des stocks dans une entreprise apparaît souvent comme ambigu. Il est indéniable qu'ils ont un rôle positif de régulation du processus de production. Ils permettent de désynchroniser la demande d'un produit de sa production. Malheureusement, ce rôle positif est largement compensé par plusieurs inconvénients majeurs:

- Rigidification de la production, il faut écouler les stocks;
- Augmentation du délai moyen de production (temps de traversée);
- Immobilisation de moyens financiers importants;
- Immobilisation de surface;
- Coûts importants liés à l'existence même des stocks (amortissements des locaux et des matériels de stockage, salaires des personnes travaillant dans les lieux de stockage, coût financier de l'argent immobilisé dans les stocks…).

La désynchronisation due à la présence de stocks, permet de masquer de nombreux problèmes tels qu'une maintenance des machines insuffisante, une mauvaise planification, des fournisseurs qui livrent en retard…

Il faut donc trouver un compromis permettant d'obtenir le rôle positif indiqué pour un coût minimal. Tel va être un des objectifs permanents de la gestion de production.

La gestion des stocks est l'ensemble des mesures qu'utilise une entreprise pour savoir quelle quantité commander et à quel moment, dans l'optique d'atteindre l'équilibre entre un cout de stockage faible et une capacité de réponse élevée face aux clients.

La gestion des stocks nous amène à arbitrer entre le risque de rupture et la rentabilité qui celle-ci induit une gestion à moindre cout. En effet, vouloir éviter le risque de rupture nous conduit à conserver un stock élevé. Ce qui est en contradiction avec la rentabilité compte tenu qu'un stock élevé aura un cout de gestion élevé. De même, vouloir rechercher la rentabilité induit un stock minimum, qui tourne très rapidement, peu couteux mais s'accompagne d'un risque de rupture pouvant entrainer par voie de conséquence une insatisfaction de la clientèle.

Une entreprise doit tout faire pour éviter que ses stocks la desservent, d'où l'importance de choisir la bonne approche. En effet deux entreprises n'auront pas forcement des problématiques identiques, et ne mettront donc pas en œuvre les mêmes méthodes de gestion des stocks.

Le rôle des stocks dans une entreprise apparaît souvent comme ambigu. Il est indéniable qu'ils ont un rôle positif de régulation du processus de production.

Ils permettent de désynchroniser la demande d'un produit de sa production. Malheureusement, ce rôle positif est largement compensé par plusieurs inconvénients majeurs:

- Rigidification de la production, il faut écouler les stocks;
- Augmentation du délai moyen de production (temps de traversée);
- Immobilisation de moyens financiers importants;
- Immobilisation de surface;

- Coûts importants liés à l'existence même des stocks (amortissements des locaux et des matériels de stockage, salaires des personnes travaillant dans les lieux de stockage, coût financier de l'argent immobilisé dans les stocks…).

La désynchronisation due à la présence de stocks, permet de masquer de nombreux problèmes tels qu'une maintenance des machines insuffisante, une mauvaise planification, des fournisseurs qui livrent en retard…

Il faut donc trouver un compromis permettant d'obtenir le rôle positif indiqué pour un coût minimal. Tel va être un des objectifs permanents de la gestion de production.

5.2.   Opérations de gestion des stocks

La gestion des stocks d'une entreprise doit être réalisée avec soin, afin d'être capable en permanence de connaître l'état de ceux-ci. Parmi les opérations nécessaires, on trouve:

- Le magasinage;
- La gestion des entrées/sorties;
- Les inventaires.

5.2.1. Le magasinage

Le magasin est le lieu où sont reçus, stockés et distribués tous les articles entrant dans l'entreprise. L'organisation des magasins doit obéir à certains principes d'implantation, d'entreposage, et de classement.

L'implantation dépend du matériel entreposé dans le magasin. Le matériel de petite dimension doit être rangé le plus près possible du bureau du magasin pour pouvoir le surveiller facilement. Les articles de sorties fréquentes seront placés près du point d'enlèvement le plus accessible. Le matériel de grande dimension doit être stocké près de l'embranchement ferroviaire, quand il existe, pour un déchargement rapide. Les voies d'accès devront permettre la manœuvre des engins lourds: camions, chariots élévateurs…….

Dans l'entreposage, il faut tenir compte des mouvements même des articles stockés Par exemple, les articles qui sortent fréquemment doivent être rangés près de la porte et ceux dont on n'a pas souvent besoins seront laissés loin de la porte.

Il faut aussi éviter de ne distribuer que les derniers articles arrivés parce que les autres articles risquent d'être détériorés.

Le classement: le magasin de stockage doit être composé de zones qui sont des espaces pour l'entreposage du matériel de grande dimension, et des casiers en bois ou métalliques qui servent à ranger les articles de faible dimension. Le classement est un dispositif qui permet de repérer ces zones et ces casiers. Les zones sont généralement désignées par des lettres et les casiers par des chiffres.

Les stocks d'une entreprise sont placés dans un ou plusieurs magasins afin de les ranger entre leur réception et leur mise à disposition. Pour cette gestion, on trouve deux types d'organisation:

- **Gestion monomagasin:** dans ce type d'organisation, tous les produits sont stockés et gérés dans un lieu unique. Il a l'avantage de simplifier la gestion du stock, mais entraîne nécessairement de nombreuses manutentions, donc des délais et des coûts;
- **Gestion multimagasins:** afin de minimiser les manutentions, on préfère parfois répartir les stocks dans plusieurs magasins. Chaque magasin regroupe les produits par type (produits finis, matières premières…) ou en fonction de la proximité géographique.

Pour les produits, on peut également dissocier deux modes de gestion:

- **Gestion monoemplacement:** chaque article est stocké dans un et un seul emplacement. Ainsi, le suivi des quantités de cet article est facilité, les Opérations d'inventaire sont simplifiées. Cependant, on retrouve l'inconvénient de la gestion monomagasin: les problèmes de manutention.
- **Gestion multiemplacements:** dans ce type de gestion, un article peut Être stocké à plusieurs endroits. On facilite ainsi les opérations de manutentions, mais il devient difficile d'avoir une vision globale du stock. Outre les problèmes d'inventaire que ce type de gestion induit, il est possible d'avoir un article en rupture dans un emplacement, alors qu'il est disponible dans un autre emplacement. Cependant, ce type de gestion est plus en accord avec la gestion au point d'utilisation préconisée par l'approche du *lean manufacturing*. Dans ce cas, on aura un «stock de masse» localisé dans un magasin de stockage et un «stock bord de ligne» ou «stock libreservice» situé juste à côté des postes de travail.

5.2.2. La gestion des entrées/sorties

Afin de permettre un suivi des quantités en stock, chaque mouvement de Stock (entrée ou sortie) doit faire l'objet d'une transaction. Pour être optimal, il est souhaitable que les mouvements soient saisis en temps réel sur le système informatique de gestion des stocks. On connaît ainsi à chaque moment l'état réel du stock.

La relation entre les quantités réellement en stock et les quantités indiquées par la gestion des stocks dépend de la rigueur avec laquelle les mouvements sont saisis. Toute erreur de saisie se traduira par un écart entre la réalité et les quantités indiquées dans les fichiers. Pour une gestion rigoureuse, il est indispensable de limiter l'accès des magasins aux seules personnes autorisées.

La gestion des entrées/sorties comprend deux types de transaction:

- **La réception**: elle consiste à entrer un produit dans le magasin. Pour ce Type de transaction, il faut vérifier la conformité des produits reçus ainsi que la quantité.
- **La sortie**: les pièces demandées sont retirées du stock conformément à Une commande client (produits finis) ou à un bon de sortie ou à une liste A servir (produits fabriqués).

5.2.3. Les inventaires

À tout moment, le gestionnaire doit être capable de fournir un état des stocks pour chaque référence en quantité et en emplacement. Pour vérifier la qualité de l'état des stocks (différence entre stock réel et image informatique du stock), il faut effectuer des inventaires et éventuellement remettre à jour l'image informatique du stock.

Ceci est nécessaire car il est très difficile dans une entreprise de maintenir en permanence la justesse de l'image informatique des stocks (erreur ou absence de déclaration, pertes, vols, mauvais coefficients dans les nomenclatures, et plus généralement absence de rigueur...).

Un inventaire consiste en une opération de comptage des articles dans les emplacements du magasin. On trouve principalement trois types d'inventaire.

- **L'inventaire permanent:** il consiste à tenir à jour en permanence les quantités en stock de chaque article grâce aux transactions d'entrées et de sorties (il ne s'agit pas ici d'une vérification de la quantité en stock par comptage);
- **L'inventaire intermittent:** il est en général effectué une fois par an en fin d'exercice comptable. Il est effectué pour tous les articles de l'entreprise, d'où une grosse charge de travail qui perturbe son activité;
- **L'inventaire tournant:** il consiste à examiner le stock par groupe d'articles et à vérifier l'exactitude en quantité et localisation de ces articles. On définit généralement des fréquences d'inventaire tournant différentes selon l'importance de l'article (voir classement ABC).

Il existe plusieurs logiciels spécialisés dans la gestion des emplacements de stockage permettent en général de prendre en charge les inventaires en créant chaque jour des listes d'inventaires qui respectent pour chaque article les fréquences de vérification.

5.3. Tâches administratives, contrôle et outils de la gestion des stocks
5.3.1. Tâches administratives de la gestion des stocks

La normalisation des articles: Il s'agit de classer les articles selon le degré de leur utilité. Il s'agit de déterminer les articles qui conviennent le mieux aux besoins de l'entreprise et d'éliminer toutes les variétés superflues. Ce classement a pour avantage la réduction du nombre d'articles stockés et par conséquent du niveau général des stocks et de leur coût.

La classification des articles: elle peut se faire selon un critère déterminé: L'origine du produit, sa nature ou sa destination ce qui peut faciliter l'identification des produits en magasin.

La symbolisation des articles: elle facilite leur classification, elle consiste à attribuer à chaque article un symbole ou un code permettant son identification. La symbolisation peut être alphanumérique ou numérique; elle est généralement aussi brève que possible quand elle est numérique, la symbolisation permet l'utilisation de l'informatique dans la gestion des stocks.

5.3.2. Contrôle des stocks

Le contrôle des entrées: Les entrées peuvent provenir soit des fournisseurs, soit des autres services de l'entreprise (cas des produits finis). Elles doivent être contrôlées quantitativement et qualitativement par le magasinier. Pour les entrées en provenance des fournisseurs, on établit un bon de réception. Pour les entrées provenant des autres services (les ateliers par exemple), on établit un bon d'entrée selon le même principe que le bon de réception, mais dont l'usage est interne. Pour respecter le principe du contrôle mutuel, ce bon doit être doublement signé par le magasinier et par le service livreur. Les entrées vers l'entreprise sont contrôlées par les bons d'entrées.

Le contrôle des sorties: Les sorties sont destinées soit aux services internes de l'entreprise, soit à l'extérieur (vers les clients). Le contrôle est effectué grâce au bon de sortie doublement signé par le magasinier et le service receveur. Les sorties vers les clients sont contrôlées par les bons de livraison.

Le contrôle des retours: Bien que ce ne soit pas un mouvement normal, le retour au magasin d'articles déjà sortis et enregistrés peut avoir lieu. C'est le cas d'annulation de commande ou d'ordres de fabrication. Le contrôle des retours est généralement effectué à travers un document appelé «bon de retour» comportant les mêmes informations et ayant la même forme que le bon d'entrée.

Le contrôle des existants: Les fiches des stocks sont, théoriquement, en mesure d'informer à tout moment le gestionnaire des stocks sur les quantités stockées. Mais parfois les stocks réels ne concordent pas avec les stocks indiqués par les fiches. Ce qui cause les ruptures des stocks ou le sur stockage. Pour éviter ces erreurs, le contrôle des existants a lieu à travers le dénombrement effectif des articles stockés ou l'inventaire. Celui-ci est imposé par la loi. Il a lieu soit globalement en fin d'année, soit catégorie par catégorie tout au long de l'année. Dans ce dernier cas l'inventaire est dit tournant.

5.3.3. Outils de gestion des stocks

Les stocks renferment plusieurs types de marchandise. Le gestionnaire des stocks utilise les outils suivants:

La nomenclature: La nomenclature des articles stockés est une fiche qui comprend pour chaque article le numéro de code et une désignation simple, précise et complète. Elle fournit un langage commun (le code) à tous ceux qui, dans l'entreprise, ont à connaître les stocks (le responsable du service achat, le magasinier, le responsable de la production...). Elle facilité ainsi la communication entre les membres de l'entreprise et permet d'éviter les erreurs.

Les fiches de stocks: Ce sont des fiches qui portent les renseignements nécessaires à l'entreprise concernant chacun des articles stockés. Ces renseignements sont le numéro de code de l'article, sa désignation, son unité de comptage, les commandes en cours, le niveau du stock disponible en magasin et les indices permettant de repérer les articles à approvisionnement normal, à épuiser ou à éliminer, etc....

Ces fiches sont généralement classées selon un critère déterminé, choisi par le responsable des stocks. Ce critère peut être le numéro de code, l'ordre alphabétique…

Les fiches d'approvisionnement: Ces fiches sont tenues par le gestionnaire du stock. Elles referment des éléments fixes concernant les stocks tels que le numéro de l'article et sa désignation, des éléments révisables comme le délai d'approvisionnement ou la consommation moyenne mensuelle de l'article et des éléments variables comme la quantité disponible au magasin, la quantité en commande, la quantité à commander, etc...

Dans le cas où le gestionnaire du stock a son bureau dans le magasin, il peut reporter tous les renseignements relatifs aux stocks sur les fiches de stocks et ne pas constituer des fiches d'approvisionnement.

5.4.   Objectifs de la gestion des stocks

La gestion des stocks a pour but de maintenir à un seuil acceptable le niveau de service pour lequel le stock considéré existe.

Il n'y a pas d'objectif absolu valable pour toutes les entreprises, pour tous les produits, pour toutes les catégories de stocks. L'objectif correspondra toujours à un contexte particulier.

De plus, il ne sera pas figé, mais évoluera dans le temps. En effet, l'un des objectifs de la gestion de stocks est précisément d'aller vers une performance accrue par une meilleure maîtrise des stocks.

Cette gestion implique différents types d'opérations:

- Le magasinage avec entrées, stockage, sorties des articles;
- La tenue d'un fichier consacré à la mémorisation des quantités en stock;
- Le lancement des ordres de fabrication ou des commandes fournisseur pour ré-compléter le stock;
- L'imputation dans la comptabilité des entrées/sorties;
- Le classement des stocks en catégories.

Une entreprise qui souhaite maximiser son profit doit remplir les objectifs suivants:

- Niveau de service maximum;
- Coût de production faible;
- Valeur du stock faible.

5.4.1. Niveau de service maximum

C'est la capacité de l'entreprise à satisfaire les besoins du client. Le client peut être un acheteur, un distributeur, un autre atelier de l'usine ou le poste de travail suivant. En gestion des stocks, cette notion est utilisée pour décrire la disponibilité des articles à chaque fois que la demande se manifeste, c'est donc une mesure de performance.

Il y a plusieurs méthodes pour mesurer un niveau de service, chacune avec ses avantages et ses inconvénients. On pourra citer entre autres:

- Le pourcentage du nombre de commandes honorées dans les délais;
- Le nombre de ruptures de stock durant le délai de livraison;
- La demande non satisfaite durant le délai de livraison;
- La probabilité de satisfaire la demande directement à partir du stock physique.

5.4.2. Productivité

Le niveau des stocks peut aussi permettre d'améliorer la productivité de l'entreprise selon les axes suivants:

- Création de stock tampon entre deux étapes de transformations pour les rendre autonomes et plus économiques;

- Création de stock d'anticipation qui permet dans le cas d'une stratégie de nivellement de faire face à la demande avec les avantages.

5.4.3. Stock faible

Le stock permet donc de maximiser le niveau de service et sert de protection contre l'incertitude. En effet, une prévision n'est jamais rigoureusement exacte, par conséquent on ne pourra jamais déterminer une demande ainsi que les moyens pour la satisfaire avec certitude. Il est donc nécessaire pour éviter des ruptures de stocks de maintenir un stock de sécurité qu'on verra largement plus loin.

Comment minimiser le stock considéré en conservant un niveau de service suffisant? La réponse à cette question va dépendre de la nature du stock.

Mais dans tous les cas, il faudra agir sur la véritable cause du stock ou du surstock.

Donnons quelques exemples:

- Mauvaise qualité des prévisions entraînant des stocks dormants ou morts;
- Excès de prudence en ce qui concerne les stocks de sécurité;
- Irrégularité et manque de fiabilité dans le fonctionnement des machines;
- Déséquilibre des cadences;
- Importance de la taille des séries dans la fabrication par lots…

Le niveau du stock dépend naturellement de deux facteurs: les entrées et les sorties. Il sera souvent impossible de jouer sur les sorties (appelées par la production ou par les clients), et la seule façon de réguler le niveau moyen du stock consistera à modifier le mode des entrées.

- **Eviter le surstockage**

La première conséquence notable de cet état est une augmentation des charges (fixes et variables), étant donné qu'une trop grande quantité de produits dormants est néfaste pour la santé financière de l'entreprise.

On peut déjà noter des frais de construction ou de location d'espaces de stockage supplémentaires, par exemple. Ensuite, la quantité de personnel requis est également accrue (ouvrier, sécurité…). Le cout de l'assurance sera lui aussi revu à la hausse.

La seconde répercussion d'un stock trop élevé est l'accroissement du BFR, qui se traduit par un besoin accru en financements, et des marges de manœuvre financières plus limitées.

Autre point à prendre en considération: l'immobilisation de capitaux. Quand une entreprise achète des produits en vue de les stocker, elle immobilise de l'argent, qui ne rapporte pas tant que les ventes n'ont pas eu lieu. Dans la mesure où ces capitaux auraient pu être investis dans des projets avec une meilleure rentabilité, il s'agit d'une perte d'opportunité pour l'entreprise.

Un stock trop important peut également forcer l'entreprise à vendre son surplus au rabais, voire à perte pour éviter d'accumuler les frais de stockage que nous avons vu plus haut. Si c'est parfois la seule solution, ce n'est pas une bonne pratique. L'entreprise va réaliser moins de marge, voire aucune marge sur ses ventes, ce qui peut contrecarrer ses plans de développement initialement prévus mais aussi impacter négativement sa gestion de trésorerie.

Enfin, une entreprise avec un stock trop élevé s'expose à un risque d'obsolescence supplémentaire (selon la marchandise stockée). Prenons un magasin vendant des denrées alimentaires périssables. Si son stock de fruits de saison est trop élevé, chaque jour passé sans qu'ils soient vendus va progressivement diminuer leur durabilité. Dans le pire des cas, les fruits vont finir par pourrir et l'entreprise n'aura alors d'autre choix que de les jeter. C'est encore pire que de vendre à perte, puisque dans ce cas de figure l'entreprise ne réalise aucune rentrée d'argent.

- **Se prémunir d'un stock trop faible (sous-stockage)**

Si un stock trop élevé peut avoir des conséquences fâcheuses pour l'entreprise, l'inverse n'est pas non plus idéal. Pour commencer, un stock trop faible augmente la probabilité que l'entreprise se trouve en rupture de stock. Cela peut mener à l'arrêt total de la production. Et qui dit rupture de stock dit impossibilité de vendre.

Dans la continuité du premier point, si l'entreprise n'est plus en mesure de fournir es clients, il y a fort à parier pour que ces derniers, mécontents, finissent par aller acheter chez la concurrence et délaissent peu à peu l'entreprise. Ce cercle vicieux entraine une baisse du chiffre d'affaires qui peut être fatale.

De plus, un stock trop faible (dans un magasin par exemple) peut amener à avoir des rayons peu remplis, ce qui les rend par conséquent moins attrayants aux yeux des clients et dévalue les produits présents. Des rayons remplis donnent en effet beaucoup plus envie d'acheter que des rayons clairsemés de toutes parts. Pour finir, un stock peu fourni peut provoquer une désorganisation de toute la chaine de production de l'entreprise et aggraver l'effet des potentiels goulots d'étranglement.

5.5. Catégories et niveaux des stocks
5.5.1. Catégories de stocks (types de stocks)

On pourra distinguer les catégories de stocks suivantes:

- **Les matières premières**: Ce sont les articles achetés qui ne sont pas encore entrés dans le cycle de production et n'ont par conséquent subi aucune transformation, il s'agit des stocks nécessaires à la fabrication, ébauches, pièces spéciales sous-traitées, sous-ensembles, pièces intermédiaires fabriquées par l'entreprise;
- **Les produits en cours**: Ce sont des articles qui ont subi une ou plusieurs transformations intermédiaires sans atteindre cependant l'étape finale; c'est-à-dire les stocks entre les différentes phases de l'élaboration du produit (entre les machines);
- **Les pièces détachées ou de rechange, outillage et autres produits d'entretien**: Ce sont des articles utilisés durant la production et qui ne subissent aucune transformation, les pièces, les outillages spéciaux, les matériaux, les produits pour l'entretien des bâtiments;
- **Les produits finis**: Ce sont des articles disponibles à la vente après avoir subi une série de transformations;

5.5.2. Niveaux de stocks

Différents niveaux de stocks peuvent être envisagés pour la gestion, selon l'activité de l'entreprise: marchandises, matières premières, produits finis, produits en cours, emballages, matières consommables, fournitures,...

- **Stock minimum:** niveau du stock correspondant au délai normal de livraison ou consommation prévue durant le délai de livraison.
- **Stock de sécurité:** supplément au stock minimum nécessaire en cas de retard de livraison ou d'accroissement de la demande ou encore le stock prévu pour faire face à des retards de livraison.

- **Stock d'alerte:** niveau de stock entraînant le déclanchement de la commande: Stock d'alerte = Stock minimum + Stock de sécurité
- **Stock maximum:** limite supérieure à ne pas dépasser; capacité maximum de stockage.
- **Stock outil:** stock indispensable à l'activité commerciale ou industrielle, considéré comme immobilisé.
- **Stock moyen:** (Stock Initial + Stock Final) / 2
- **Stock théorique:** stock comptable déterminé d'après les mouvements: Stock Initial + Entrées - Sorties = Stock Final
- **Stock réel:** stock physique évalué par inventaire.
- **Stock disponible:** Stock réel - Commandes client reçues
- **Stock virtuel:** Stock disponible + Commandes en cours auprès des fournisseurs.

Exemple 7:

Le responsable des approvisionnements en pièces détachées d'une concession d'automobiles dispose au début du mois des informations suivantes:

- Stock initial: 300 unités;
- Quantité prévue en entrée pour le mois: 70 unités;
- Quantité prévue en sortie pour le mois: 150 unités.

a) Quel devrait être le stock prévisionnel de pièces détachées en fin de mois?

b) Pendant le mois, il est possible que 80 pièces soient nécessaires pour les ateliers d'une unité de montage. Une commande en instance de livraison par le fournisseur porte sur 150 unités. Déterminez le stock disponible et le stock virtuel.

c) Les sorties moyennes quotidiennes sont de: 20 unités. Le délai normal de livraison est de 8 jours. Il arrive que le fournisseur livre avec 2 jours de retard. A quel niveau de stock faut-il passer ou déclencher une commande

Solution

a) Stock Final = Stock Initial + Entrées – Sorties

   = 300 + 70 – 150

   = 220 unités

b) Stock disponible = Stock prévu - Commande à livrer

$$= 220 - 80$$

$$= 140 \text{ unités}$$

Stock virtuel = Stock disponible + Commande fournisseur

$$= 140 + 150$$

$$= 290 \text{ unités.}$$

c) La commande est déclenchée lorsque le Stock d'alerte est atteint.

Stock minimum = 20 unités x 8 jours = 160 unités

Stock de sécurité = 20 unités x 2 jours

$$= 40 \text{ unités}$$

Stock d'alerte = Stock minimum + Stock de sécurité

$$= 160 + 40$$

$$= 200 \text{ unités.}$$

5.6.   Stock de sécurité
5.6.1. Paramétrage d'un stock de sécurité

Le stock de sécurité total est égal à la somme du stock de sécurité en amont et le stock de sécurité en aval.

- Le stock de sécurité amont (SS_1) correspond au retards fournisseurs. C'est le produit du nombre des jours de retard et la consommation journalière.

$$SS_1 = Nb \times C$$

- Le stock de sécurité aval (SS_2) correspond aux variations de consommations sur prévision ou consommation moyenne. C'est le produit de l'écart-type de la demande, du coefficient de sécurité et la racine carré du délai de réapprovisionnement.

$SS_2 = variation\ quantité \times$ délai de réapprovisionnement

- Le stock de sécurité total (SS) est la somme du stock de sécurité amont et le stock de sécurité aval.

$$SS = SS_1 + SS_2$$

- Le stock moyen détenu (SM) correspond à la moitié des quantités consommées pour la période en absence du stock de sécurité ou à la somme du stock de sécurité et la moitié des quantités consommées pour la période.

- $SM = \dfrac{Q}{2}$ En absence du stock de sécurité
- $SM = SS + \dfrac{Q}{2}$ Avec le stock de sécurité

Si plusieurs commandes le stock moyen est:

- $SM = \dfrac{Q}{2N}$ En absence du stock de sécurité
- $SM = SS + \dfrac{Q}{2N}$ Avec le stock de sécurité

Avec N: nombre de commandes.

5.6.2. Rotation et durée de stockage

A. Rotation des stocks

La rotation des stocks correspond au d'une année commerciale de 360 jours.

$$coefficient\ de\ rotation\ du\ stock = \frac{cout\ annuel}{stock\ moyen}$$

Avec Stock moyen = (Stock Initial + Stock Final) / 2

B. Durée de stockage

- **Calcul à partir du coefficient de rotation**

$$durée\ moyenne\ du\ stock = \frac{360\ jours}{coefficient\ de\ rotation\ du\ stock}$$

- **Calcul direct**

$$durée \ moyenne \ du \ stock = \frac{stock \ moyen}{cout \ annuel} \times 360 \ jours$$

- **Calcul selon la nature du stock**

  ➢ **Durée moyenne d'un stock de marchandises**

$$durée \ moyenne \ du \ stock = \frac{stock \ moyen}{cout \ d'achat \ des \ marchandises \ vendues} \times 360 \ jours$$

$CAMV = PA + CD + CI + SS_1 - SS_2$

Avec:

CAMV: cout d'achat des marchandises vendues

P.A: prix d'achat

CD: charges directes

CI: charges indirects

SS_1: Stock initial

SS_2: stock final

$SS_1 - SS_2 = variation \ du \ stock \ de \ marchandises$

  ➢ **Durée moyenne du stock de matières premières**

$$durée \ moyenne \ du \ stock = \frac{stock \ moyen}{cout \ d'achat \ des \ matières \ premières \ utilisées} \times 360$$
Jours

$CAMPU \ ou \ CAMPC = PA + CD + CI + SS_1 - SS_2$

Avec:

CAMPU ou CAMPC: cout d'achat des matières premières utilisées ou consommées

$SS_1 - SS_2 = $ *variation du stock de matières premières*

> **Durée moyenne du stock de produits finis**

durée moyenne du stock

$$= \frac{\text{stock moyen}}{\text{cout de production des produits finis vendus}} \times 360 \; jours$$

$CPPFV = CAMPU + CD + CI + SS_1 - SS_2$

Avec:

CPPFV: *cout de production des produits finis vendus*

Exemple 8:

Vous disposez des informations suivantes, à la fin d'une période de gestion:

Nature des stocks	Stocks initiaux	Stocks finaux
Marchandises	25 000 $	15 000 $
Matières premières	50 000 $	60 000$
Produits finis	80 000 $	90 000$

Charges	Montants
Achats de marchandises	250 000 $
Frais d'achats de marchandises	20 000 $
Achats de matières premières	150 000 $
Frais d'achats de matières premières	10 000 $
Charges directes de production	120 000 $
Charges indirectes de production	80 000 $

a) Calculer les stocks moyens
b) Déterminer les couts par nature d'éléments
c) Pour chaque élément, évaluer le coefficient de rotation et la durée moyenne du stockage.

Solution

a) $stock\ moyen = (SS_1 + SS_2)/2$

Nature des stocks	Stocks moyens	Variations des stocks
Marchandises	$(25000 + 15000)/2$ $= 20\ 000\ \$$	$25000 - 15000$ $= 10\ 000\ \$$
Matières premières	$(50000 + 60000)/2$ $= 55\ 000\ \$$	$50000 - 60000$ $= -10\ 000\ \$$
Produits finis	$(80000 + 90000)/2$ $= 85\ 000$	$80000 - 90000$ $= -10\ 000\ \$$

b) Variation des stocks = $SS_1 - SS_2$

➤ Cout d'achat des marchandises vendues

$CAMV = PA + CD + CI + SS_1 - SS_2$

$CAMV = 250\ 000 + 20\ 000 + 10\ 000 = 280\ 000\ \$$

➤ Cout d'achat des matières premières utilisées

$CAMPU = PA + CD + CI + SS_1 - SS_2$

$CAMPU = 150\ 000 + 10\ 000 - 10\ 000 = 150\ 000\ \$$

Cout de production des produits finis vendus

$CPPFV = CAMPU + CD + CI + SS_1 - SS_2$

$CPPFV = 150\ 000 + 120\ 000 + 80\ 000 - 10\ 000 = 340\ 000\ \$$

c) $coefficient\ de\ rotation\ du\ stock = \dfrac{cout\ annuel}{stock\ moyen}$

$durée\ moyenne\ du\ stock = \dfrac{stock\ moyen}{cout\ par\ nature} \times 360\ jours$

Ou $durée\ moyenne\ du\ stock = \dfrac{360\ jours}{coefficient\ de\ rotation\ du\ stock}$

Nature des stocks	Coefficient de rotation	Durée moyenne du stock
Marchandises	280 000/20 000 = 14 Rotations	360 $jours$/14 = 26 $jours$
Matières premières	150 000/55 000 = 2.73 Rotations	360 $jours$/2.73 $\quad$ = 132 $jours$
Produits finis	340 000/85 000 = 4 Rotations	360 $jours$/4 = 90 $jours$

5.7.   Principaux systèmes de stockage

Le problème du stockage a toujours été un problème de gain de place. Les constructeurs de systèmes de rangements font preuve d'une grande ingéniosité pour réduire cette place et optimiser le travail des magasiniers.

5.7.1. Le stockage fixe

Le stockage classique par étagère est le plus classique, il permet de stocker sur les deux faces des éléments. Les allées sont de 80 cm minimum si le préparateur se déplace à pied. Elles doivent être de 1,20 à 1,40 m dans le cas de l'utilisation d'un transporteur.

Figure 8: Stockage fixe

Source: www.Feralp.fr (Stockage sur étagère fixe)

5.7.2. Le stockage par étagères mobiles

Le système d'étagères mobiles permet un gain de place au sol considérable. La capacité de stockage est augmentée de 80 à 90% par rapport à une installation fixe, suivant la géométrie du local. Le déplacement des chariots peut être manuel, mécanique ou électrique. La longueur des rayonnages peut atteindre 12 mètres et la charge jusqu'à 8 tonnes. L'inconvénient du système réside dans le fait qu'il faut déplacer chaque fois les étagères pour accéder à un produit.

On utilise donc généralement ce type de rangement pour des stockages dont la fréquence d'entrées/sorties est faible (archivage par exemple).

Figure 9: Stockage par étagère mobile

Source: www.Feralp.fr (Stockage sur étagères mobiles)

5.7.3. Le stockage rotatif

Le stockage rotatif exploite toute la hauteur des locaux – comme un rayonnage vertical – mais la mise à disposition des produits se fait toujours à hauteur d'homme. En plus, il stocke les pièces en optimisant la hauteur sans aucune perte d'espace et procure ainsi une capacité de stockage maximale pour un encombrement au sol minimal. Ce système est particulièrement adapté pour le stockage de petites pièces.

On trouve aussi de plus en plus des tours de stockage. Un système automatisé déplace des plateaux vers le guichet d'entrées/sorties. L'avantage par rapport au stockeur rotatif réside dans la possibilité de mieux gérer les hauteurs d'objets à stocker ainsi que dans la possibilité de stocker les produits dans des emplacements plus ou moins proches du guichet, en fonction de la fréquence d'utilisation de ceux-ci.

Figure 10: Stockage rotatif

Source: www.hanel.de (Stockage rotatif)

5.7.4. Le stockage dynamique

Les systèmes de stockage précédents sont appelés des stockages par accumulation. On pose les produits les uns devant les autres si bien que le dernier produit stocké sera le premier sorti. On appelle cela du stockage LIFO, Last Input First Output (dernier entré, premier sorti). Cette méthode peut avoir de graves inconvénients, notamment en cas de risques d'obsolescence des produits.

Figure 11: Stockage dynamique

Source: www.Feralp.fr (Stockage dynamique)

Le stockage dynamique permet de corriger cela en permettant un stockage

FIFO, First Input First Output (premier entré, premier sorti).

Les avantages du stockage dynamique sont les suivants:

- Amélioration et optimisation du travail de préparation des commandes (réduction des déplacements et de la manutention des préparateurs et magasiniers);
- Augmentation de la capacité de stockage de 20% à 30%, par la suppression d'allées de circulation;
- Zone de prélèvement (par l'avant) distincte de la zone d'approvisionnement (par l'arrière);
- Visualisation rapide de l'état des stocks;
- Réduction des risques d'accidents par la suppression d'allées et venues;
- Stockage en rotation continuelle. On peut l'utiliser pour stocker des cartons, des bacs et des palettes.

Chapitre 6. MODELES DE GESTION DES STOCKS

6.1. Types de coût

L'estimation des coûts est en pratique un problème non résolu du fait de leur complexité. Le problème majeur est qu'il n'est pas toujours possible, voire même économique, de déterminer tous les coûts (fixes, variables) inhérents à chaque article stocké, on est obligé de recourir à des méthodes d'affectations des coûts globaux. Cependant, nous distinguerons les coûts suivants:

Le cout de gestion des stocks regroupe le cout de lancement ou de passation des commandes, le cout de possession, et en cas d'insuffisance des stocks, il convient de prendre en compte le cout lié à la rupture dénommé: cout de pénurie.

6.1.1. Le coût variable unitaire (v)

Pour un vendeur, ce coût représente simplement le prix (fret inclus) à payer au fournisseur pour l'achat d'un article, plus tous les frais inhérents pour que cet article soit prêt pour la vente.

Ce coût peut dépendre, si les remises sont considérées de l'importance de la commande. Pour les producteurs, le coût unitaire variable d'un article est souvent plus difficile à déterminer.

Cependant, une chose est sûre, il est rarement équivalent à celui de la comptabilité conventionnelle (prix de revient). La valeur d'un article doit être idéalement mesurée par le montant actuel d'argent (coût variable) qui a été dépensé pour le rendre prêt pour l'utilisation, pour satisfaire la demande du client ou pour un usage interne comme une composante d'autres articles. La détermination de V n'est pas facile.

Le coût variable unitaire est très important pour deux raisons majeures. D'abord, les coûts d'acquisition ou de production par an dépendent de sa valeur. Ensuite, le coût de stockage d'un article dépend de V.

6.1.2. Le coût de stockage ou cout de possession

a. Cout unitaire de stockage (CS)

Le cout unitaire de stockage est le produit du taux de stockage et le prix d'achat.

$$CS = p \times t$$

Avec:

- t: pourcentage par unité de cout de matériel stocké ou taux de possession.
- p: prix d'achat unitaire de l'article ou tarif fournisseur

b. Cout de stockage ou cout de possession (CP)

Le coût de stockage des articles inclut l'ensemble des coûts liés à la possession même du stock; C'est un coût variable qui augmente donc en fonction du niveau du stock. Ce coût regroupe les notions suivantes:

- **Le coût d'opportunité de l'argent investi**: La mesure de ce coût n'est pas prise en charge par les systèmes traditionnels de comptabilité. Ce coût peut être défini assez facilement. D'un point de vue théorique, c'est le taux de rentabilité qui peut être obtenu de la plus attractive opportunité d'investir qu'on n'a pas pu effectuer du fait de la décision d'investir les fonds disponibles en articles stockés. Malheureusement, un tel concept de coût marginal est difficile à mettre en œuvre en pratique. D'un autre point de vue, cette opportunité d'investissement peut changer de jour en jour. Cela doit-il signifier que le coût de la part du capital destiné au stockage doit changer de jour en jour? D'un point de vue théorique, la réponse est positive. Mais en fait, ces facteurs ne peuvent être considérés, on préférera plutôt fixer conventionnellement le coût du capital à un certain pourcentage, s'il n'y a pas de changements majeurs dans l'environnement de l'entreprise.
- **Les coûts d'entreposage:** Ils regroupent les frais de manutentions et d'inventaire, les coûts découlant des exigences du stockage (personnel, eau, électricité…);

- **Les coûts du risque:** Ils regroupent les dommages, le vol, l'obsolescence, l'assurance et les taxes. En pratique, le coût de stockage exprimé en pourcentage pourra être estimé à environ 15 à 25% du coût unitaire.

c. Calcul du cout de possession (CP)

Le cout de possession ou cout annuel de détention est un cout lié à la possession du stock. Il intègre les frais d'entretien du stock, les frais d'entretien du lieu de stockage, les frais d'assurance du stock, les frais de location, le cout de la manutention, le cout de l'immobilisation des capitaux investis qui finance la possession du stock ainsi que le cout de la dépréciation du stock.

Ces frais peuvent être exprimés soit en fonction de la valeur du stock détenu, il s'agit du taux de possession, soit en fonction d'une unité détenue en stock, le cout unitaire de possession.

Le cout de possession est le produit du stock moyen détenu et le cout unitaire de stockage; il s'applique sur le stock moyen puisque le stock diminue au cours du temps.

$$\boxed{CP = \text{SM} \times \text{CS}}$$

$$\rightarrow CP = \frac{Q}{2} \times \text{CS}$$

$$\rightarrow CP = \frac{Q}{2} \times \text{p} \times \text{t}$$

Représentation graphique

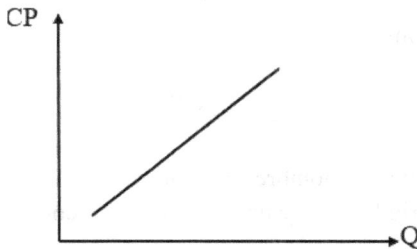

6.1.3. Le coût de commande ou de réapprovisionnement

1) Cout de lancement d'une commande (L)

Il représente les frais fixes associés à une commande. Ce coût est indépendant de la taille de la commande et regroupe les frais de préparation du bon de commande, de traitement informatique, de poste, de relance, de réception de la marchandise, de l'inspection…

Les coûts de mise en route inhérents à une commande spéciale peuvent y être inclus. La prise en compte des frais fixes accroît le coût imputé aux commandes et la taille des lots commandés. Ainsi, plus le coût de commande est élevé, plus on est tenté d'espacer les commandes. Nous noterons que les frais fixes constituent des coûts passés donc non pertinents qui doivent être manipulés avec prudence.

En pratique, certaines entreprises adoptent le ratio suivant:

Coût unitaire de commande = Coût total annuel des commandes / Nombre annuel de commandes.

2) Cout de lancement ou cout de passation (CL)

Le cout de passation appelé aussi cout d'approvisionnement ou cout de lancement des commandes est un cout lié à la gestion des commandes. Ce cout correspond aux charges liées à la commande. Il regroupe les frais directs et indirects du service achat tels que les frais postaux et de télécommunication, les frais de transport, les frais de manutention, frais de contrôle des achats…

Le cout de lancement pour une période correspond au cout de lancement d'une commande (L) fois le nombre de commande (N).

$$\boxed{CL = \text{L} \times \text{N}}$$

Par ailleurs sachant que le nombre de commande est égal aux quantités consommées sur une période divisée par les quantités économiques.

$$N = \frac{\text{D}}{\text{Q}} \qquad CL = \text{L} \times \frac{\text{D}}{\text{Q}}\,(5)$$

Avec:

L: cout de passation d'une commande ou cout de lancement d'une commande (considéré constant sur une période annuelle)

D: quantité annuelle de l'article

Q: quantité de pièces commandées

Représentation graphique

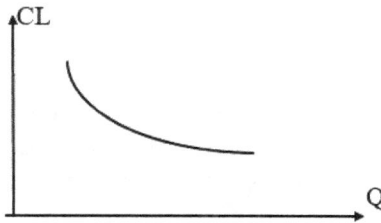

6.1.4. Cout total de gestion du stock (CT)

Cette fonction correspond à la somme du cout total de passation et du cout total de possession du stock. Nous la noterons CT.

$$CT = CL + CP$$

6.1.5. Le coût de pénurie

Dès que la décision de détenir un article en stock est prise, on devra déterminer le pourcentage de la demande interne et ou externe que l'on veut satisfaire. Ce qui est égal au ratio «nombre d'articles à détenir/demande». Le nombre d'articles détenus est tel que le coût marginal de possession du dernier article est égal au coût de pénurie. Il devient alors possible de calculer le pourcentage de demande qu'il est préférable de satisfaire.

Cependant, on ne peut obtenir qu'une valeur approximative pour le coût de pénurie. La difficulté à mesurer exactement ce coût n'empêche pas les gestionnaires des opérations de s'efforcer de produire tous les articles désirés en quantités suffisantes pour satisfaire entièrement les clients. Ce qui présage des conséquences d'une pénurie interne ou externe.

La pénurie interne concerne des stocks de matières premières et de produits en cours insuffisants, alors que la pénurie externe concerne un manque de produits finis (pouvant être causé par une pénurie interne). En général, on préfère un excès de stock plutôt qu'une pénurie qui peut entraîner des conséquences commerciales vis à vis des clients.

6.2. Modèles déterministes de gestion de stock (modèle de Wilson)

a) Préalables

Ce modèle concerne essentiellement les Stocks de Distribution. En effet, nous allons considérer que la Demande est d'origine externe, cela signifie qu'elle provient des clients de l'entreprise, qu'il s'agisse de ménages ou d'autres entreprises. La demande sera de plus considérée comme étant statique c'est à dire que ses caractéristiques n'évolueront pas ou très peu.

On aura donc une permanence de la consommation, de période en période, des produits finis ou composants assimilés à des marchandises. La rotation des stocks sera considérée comme étant nulle.

En règle générale, si le système utilisé est un système à point de commande, l'approvisionnement du stock se fait grâce à des commandes de quantités fixes mais suivant une périodicité variable. En effet, dès que le stock atteint un niveau bas qualifié de «niveau d'alerte», une commande est passée.

Dans notre modèle de Wilson, nous allons nous placer en Avenir certain ce qui signifie que nous allons considérer que la Demande et le délai de livraison sont connus à l'avance. La périodicité pourra donc être considérée comme fixe.

b) Hypothèses du modèle de Wilson

- Ne concerne qu'un article (un seul produit);
- Ventes régulières et linéaires (avenir certain c'est à dire demande et délais de livraison constants: périodicité fixe);
- Pas de rupture de stock (rotation des stocks nulle);
- Quantité commandées, délai d'approvisionnement et cout de passation d'une commande constants.

c) Paramètres

Le but est de minimiser le cout total de gestion d'un stock. Nous tenterons donc de déterminer le cout optimal d'approvisionnement, cadence optimale d'approvisionnement, quantité économique et le rythme d'approvisionnement.

Dans le modèle de Wilson, les couts d'achats (prix d'achat et frais de stockage) ne sont pas pris en compte dans le calcul du cout total de réapprovisionnement car ils sont supposés être proportionnels.

Nous utiliserons par conséquent les paramètres suivants:

- Le cout de passation d'une commande (L): il correspond aux couts administratifs générés par le passage d'une commande auxquels on peut ajouter des couts indirects liés à la mise en fabrication (réglage machines, tests, etc.) voire même des couts liés aux frais de transports dans certains cas.
- Le cout de possession d'une commande (CS): il correspond au cout de détention (immobilisation de capitaux liés aux stocks) et au cout de stockage physique.

6.2.1. Modèle déterministe sans cout de pénurie

1) Recherche du cout total d'approvisionnement

$$CT = \text{CL} + \text{CP}$$

Le cout de gestion peut s'exprimer aussi en fonction de la période optimal (T).

$N = \frac{\lambda}{T}$, avec λ: période d'activité et T: durée du stock ou amplitude

Avec T: la période optimale ou amplitude optimal

$$CT = \text{L} \times \frac{1}{T} + \frac{\text{D} \times \text{T}}{2} \times \text{CS}$$

Représentation graphique

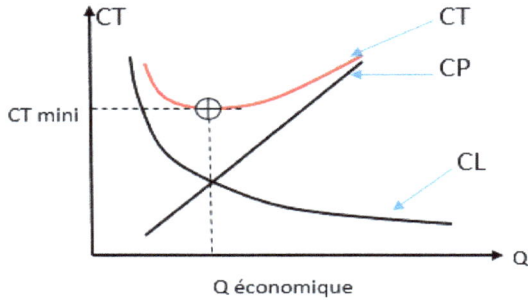

De plus, on remarque que la courbe de cout total est relativement plate au tour de Q. on peut donc conclure que si Q varie, le cout total ne variera pas de beaucoup pour autant. Le cout total variera très peu pour de faibles variations de quantités autour de Q.

2) Recherche des quantités optimales d'approvisionnement

L'objectif est de déterminer le lot économique (le nombre d'unité par lot) ou les quantités économiques qui rendent optimal la gestion du stock c'est-à-dire à moindre cout.

La quantité de commande va toujours être un arbitrage entre:

- Commander en grande quantité pour obtenir des bons prix mais en augmentant les stocks
- Commander de petites quantités pour minimiser les stocks au risque de ne pas obtenir des conditions tarifaires intéressantes.

$$CT = L \times \frac{D}{Q} + \frac{Q}{2} \times CS$$

On dérive et on annule la dérivée afin d'obtenir l'extremum:

Formule de Wilson $\boxed{Q = \sqrt{\frac{2L \times D}{CS}}}$ volume optimal d'une commande.

La quantité optimale est aussi appelée quantité économique ou quantité de Wilson ou en anglais «Economic Order Quantity». Au niveau Q, il y a équilibre entre le cout de passation et le cout de possession.

$$CT = \sqrt{2 \times L \times D \times CS}$$

3) Recherche de la cadence optimale d'approvisionnement

L'objectif est de déterminer la cadence d'approvisionnement (le nombre de commande) optimal de manière à ce que la gestion du stock se fasse à moindre cout.

Le cout total d'approvisionnement (cout de la gestion du stock ou cout de stockage) sera minimum lorsque la dérivée première du cout sera égale à zéro.

$$CT = L \times N + \frac{D}{2N} \times CS$$

CT sera minimum $\leftrightarrow \delta CT = 0$

$N = \sqrt{\frac{D \times CS}{2L}}$; N: cadence: nombre d'approvisionnement par période

4) Recherche de la période optimale d'approvisionnement

L'objectif est de déterminer la période d'approvisionnement optimal (Amplitude optimale) ou le rythme d'approvisionnement de manière à ce que la gestion du stock se fasse à moindre cout.

$$CT = L \times \frac{1}{T} + \frac{D \times T}{2} \times CS$$

CT sera minimum $\leftrightarrow \delta CT = 0$

$$T = \sqrt{\frac{2 \times L}{D \times CS}}$$

Exercice 9:

Quelle devrait être la période économique si on devait se fier aux quelques données qui Suivent? Le coût de commande unitaire est de 61 $, le coût unitaire d'un crayon est de 6,75 $, le taux de stockage annuel est de 18,5 % et la demande sur une période (année) est de 1562 crayons.

Résolution

- Cout unitaire de stockage

$$CS = p \times t = 6,75 \times 0,185 = 1,24875 \ \$$$

- Le lot économique

$$Q = \sqrt{\frac{2 \times L \times D}{CS}} = \sqrt{\frac{2 \times 61 \times 1562}{1,24875}} = \sqrt{\frac{190564}{1,24875}}$$

$$= \sqrt{152603,8038} = 391 \text{ crayons/commande}$$

- La période économique

$$N = \frac{1}{T} \ (1) \quad N = \frac{D}{Q} \ (2)$$

$$(1) = (2)$$

$$T = \frac{Q}{D} = \frac{391}{1562} = 0,25 \text{ année/commandes}$$

En mois, on obtiendra donc: 0,25 année/commandes × 12 mois/année

= 3 mois/commande; On fera donc une commande tous les 3 mois.

6.2.2. Modèle déterministe avec cout de pénurie

Dans ce cas la demande est constante avec cout de pénurie. Nous admettons une pénurie et nous lui affectons un cout de possession par unité de temps. A la fin de chaque temps, il est lancé une commande destinée à satisfaire la demande différée (Q-S) et de reconstituer le stock (S).

Le modèle mathématique de la gestion des stocks sera modifié et sa représentation graphique sera la suivante:

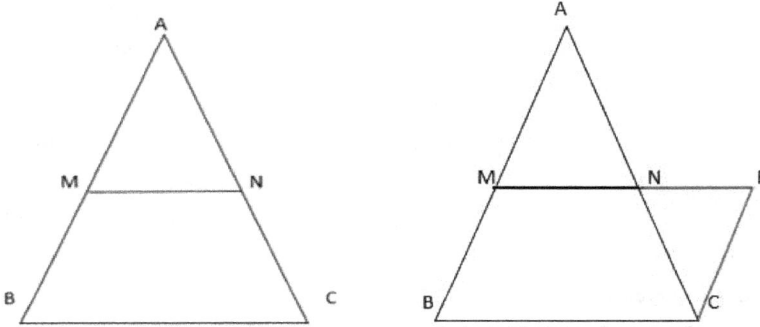

Appliquons le théorème de Thalès au triangle ABC: MN est parallèle à BC. Nous savons que deux triangles sont homothétiques si leurs côtés homologues sont proportionnels.

Ainsi AM et AB sont homologues; AN et AC sont homologues; MN et BC sont homologues; ces cotés homologues sont proportionnels, nous pouvons donc écrire:

$$\frac{AM}{AB} = \frac{NC}{AC} = \frac{MN}{BC} = \frac{NP}{BC} = K \; ; \text{Avec K: rapport d'homothétie}$$

Ces rapports ont été établis à partir d'un tracé d'une droite parallèle à un coté d'un triangle; nous pouvons écrire (théorème). Tous parallèle à un coté d'un triangle détermine un deuxième triangle homothétique du premier.

BC parallèle à MP et CP parallèle à BM; nous avons donc un parallélogramme MCBP.

Soit: AM=S; AB=Q; NC=Q-S; BC=T; MN=T1 et NP=T2

On aura donc: $\frac{S}{Q} = \frac{Q-S}{Q} = \frac{T1}{T} = \frac{T2}{T}$

A partir de ces équations, il est réalisable de dégager les valeurs de T1 et T2.

Ainsi; $T1 = \frac{T \times S}{Q}$ et $T2 = \frac{T(Q-S)}{Q}$

Avec:

- T: période séparant deux approvisionnements;
- T1: période de T ou le stock est suffisant pour faire face à la demande;
- T2: période de T ou il y a pénurie de (Q-S) et la demande est différée sur la prochaine commande.

Ces relations nous permettent de calculer les couts des composants d'une commande:

- Cout moyen de stockage: $\overline{CP} = \frac{S}{2} \times T1 \times CS$
- Cout moyen de pénurie: $\overline{CR} = \frac{(Q-S)}{2} \times T2 \times Cr$
- Cout moyen de lancement d'une commande: $\overline{CL} = L$

Le cout de possession en cas de pénurie égale:

$$CP = CS \times \left(\frac{S}{2}\right) \times \left(\frac{T1}{T}\right)$$

Avec 2: quantité moyenne présente

Ts: Durée de stockage

Le cout de rupture ou cout de pénurie égale:

$$CR = Cr \times \left(\frac{Q-S}{2}\right) \times \left(\frac{T2}{T}\right)$$

Avec Tr: durée de la pénurie

q: quantité moyenne manquante

Nous nous intéressons ici au calcul de quatre grandeurs: cout moyen total d'approvisionnement, stock de service, quantité économique et rythme d'approvisionnement.

1) Le cout moyen total d'approvisionnement

Pour déterminer le cout moyen total, il faut multiplier la somme des couts moyens par le nombre de commandes, soit $\frac{D}{Q}$ ou $\frac{1}{T}$ ainsi, le cout moyen total se présente comme suit;

Cout moyen total: $\overline{CT} = (\overline{CP} + \overline{CR} + \overline{CL}) \times \frac{1}{T}$

$$\rightarrow \boxed{\overline{CT} = \left(\frac{S^2 \times CS}{2Q} + \frac{(Q^2 + S^2 - 2SQ) \times Cr}{2Q} + \frac{L}{T}\right)}$$

2) Stock de service (S)

$$\rightarrow \boxed{S = Q \times \frac{Cr}{CS + Cr}}$$

$\frac{Cr}{CS + Cr}$ Gagne à être appelé taux de service.

Il est possible d'écrire: $\frac{S}{Q} = \frac{Cr}{CS + Cr}$;

3) Quantité économique

En dérivant par rapport à Q et en annulant la dérivée, nous aurons:

$$\rightarrow \boxed{Q = \sqrt{\frac{2 \times L \times D}{CS}} \times \sqrt{\frac{CS + Cr}{Cr}}}$$

4) Rythme d'approvisionnement

Il est possible de déterminer T en le remplaçant par sa valeur, soit $\frac{Q}{D}$, ainsi,

$$\rightarrow \boxed{T = \sqrt{\frac{2 \times L}{CS \times D}} \times \sqrt{\frac{CS + Cr}{Cr}}}$$

En remplaçant dans la fonction du cout moyen total S, Q et T par leurs valeurs, nous aurons:

$$\overline{CT} = \sqrt{2 \times CS \times L \times D} \times \sqrt{\frac{Cr}{CS+Cr}}$$

Exercice 10: demande constante avec cout de pénurie

Un fabricant d'accessoires pour automobiles reçoit une commande de 120000 tableaux de bord à livrer sur un an. Le cout unitaire journalier de stockage est de 3,50 \$ alors que le cout de passation de la commande est de 300000 \$. Par ailleurs, la carence de pénurie est pénalisée par un cout unitaire journalier de 35 \$.

Déterminer:

a) La quantité économique
b) Le stock de service
c) Le rythme d'approvisionnement
d) Le cout moyen total d'approvisionnement
e) Déterminer les périodes T1 et T2
f) Cout moyen de stockage et cout moyen de pénurie
g) Cout moyen de lacement d'une commande et cout moyen total

Solution

a) Quantité économique

- Cout unitaire de stockage

CS= 3,5×360= 1260 \$ par ans

- Quantité économique

$$Q = \sqrt{\frac{2 \times L \times D}{CS}} \times \sqrt{\frac{CS+Cr}{Cr}} = \sqrt{\frac{2 \times 300000 \times 120000}{1260}} \times \sqrt{\frac{3,5+35}{35}}$$

$$= \sqrt{57142857,14} \times \sqrt{1,1}$$

$$= 7559,28946 \times 1,048808848 = 7928,25 \text{ unités}$$

b) stock de service

$$S = Q \times \frac{Cr}{CS+Cr} = 7928,25 \times \frac{35}{3,5+35}$$

$$= 7928,25 \times 0,9090 = 7207,50 \text{ unités}$$

c) Rythme d'approvisionnement

$$T = \sqrt{\frac{2 \times L}{CS \times D}} \times \sqrt{\frac{CS+Cr}{Cr}} = \sqrt{\frac{2 \times 300000}{1260 \times 120000}} \times \sqrt{\frac{3,5+35}{35}}$$

$$= \sqrt{0,003968253968} \times \sqrt{1,1} = 0,062994078 \times 1,048808848$$

$$= 0,066068746 \text{ Année} = 23,78 \text{ Jours} = 24 \text{ jours}$$

Ou $T = \frac{Q}{D} = 24$ jours

d) Le cout moyen total d'approvisionnement

$$CT = \sqrt{2 \times CS \times L \times D} \times \sqrt{\frac{Cr}{CS+Cr}}$$

$$= \sqrt{2 \times 1260 \times 300000 \times 120000} \times \sqrt{\frac{35}{3,5+35}}$$

$$= \sqrt{90720000000000} \times \sqrt{0,909090909}$$

$$= 9524704,72 \times 0,953462589 = 9081449,624 \text{ \$}$$

e) Les périodes

- T1: période d'approvisionnement ou le stock est suffisant pour faire face à la commande

$$T1 = \frac{T \times S}{Q} = \frac{24 \times 7207,50}{7928,25} = 22 \text{ jours}$$

- T2: période d'approvisionnement ou il y a pénurie de demande différée (Q-S) sur la prochaine commande.

$$T2 = \frac{\text{T} \times (\text{Q}-\text{S})}{\text{Q}} = \frac{24 \times (7928,25 - 7207,50)}{7928,25} = 2 \text{ jours}$$

f)

- Cout moyen de stockage

$$\overline{CP} = \frac{\text{S}}{2} \times \text{T1} \times \text{CS} = \frac{7207,50}{2} \times 22 \times 3,5 = 277488,75 \ \$$$

- Cout moyen de pénurie

$$\overline{CR} = \frac{(\text{Q}-\text{S})}{2} \times \text{T2} \times \text{Cr} = \frac{(7928,25 - 7207,50)}{2} \times 2 \times 35 = 25226,25 \ \$$$

g)

- Cout moyen du lancement d'une commande

  C'est le cout de passation d'une commande = Cl= 300000 \$

- Cout moyen total

$$\text{N} = \frac{1}{\text{T}} = \frac{1}{0,066} = 15 \text{ commandes/Années} = 0,042 \text{ commandes/ jours}$$

$$\overline{CT} = \left(\overline{CP} + \overline{CR} + \text{L} \right) \times N$$

$$= (277488,75 + 25226,25 + 300000 \ ) \times 0,042$$

$$= 602715 \ \times \ 0,042 \ = \ 25314 \ \$$$

Chapitre 7. GENERALITES SUR LA LOGISTIQUE

7.1. Définition, types, origine et évolution de la logistique
7.1.1. Définition de la logistique

Jusqu'à une période récente, la logistique était considérée comme une fonction secondaire de l'entreprise et le rôle du responsable logistique se limitait à l'organisation matérielle des transports de matières premières ou de marchandises. Avec la crise des années 70, la fonction logistique a beaucoup évolué, son champ d'action et son rôle variant d'une entreprise à l'autre. Mais de plus en plus dans le monde, certains décideurs (chefs d'entreprises), commencent à prendre conscience des multiples enjeux de la logistique pour l'évolution de l'entreprise dans son environnement.

EBEDE Éric (2009) définit la logistique comme étant une activité qui a pour objet de gérer les flux physiques et informationnels d'une organisation, mettant ainsi à disposition des ressources correspondant aux besoins, aux conditions économiques et pour une qualité de service déterminée, dans des conditions de sécurité et de sûreté satisfaisantes. Cependant, avant toute tentative de définition du concept Logistique, il nous parait opportun de l'envisager d'abord sous son aspect historique et son évolution.

TIXIER D., (2014) quant à lui la définit comme étant «Le processus par lequel l'entreprise organise et soutien son activité. À ce titre sont déterminés, et gérés les flux matériels et informationnels afférents, tant internes qu'externes, qu'amont et aval».

SOHIER Joël (2017) pense que «la Logistique est une fonction qui a pour objet d'organiser, au moindre coût, le circuit de matières aboutissant à livrer au client le bien qu'il souhaite au moment voulu».

Par ailleurs, nous pouvons donc dire que la logistique est un ensemble d'opérations dont le but est, la mise à disposition aux moindres coûts de la quantité de produit voulu à l'endroit et où la demande existe.

7.1.2. Types de logistique

La logistique recouvre toujours des fonctions de transport, stockage et manutention et, dans les entreprises de production, tend à étendre son domaine en amont vers l'achat et l'approvisionnement, en aval vers la gestion commerciale et la distribution. On cite souvent la définition d'origine militaire: «La logistique consiste à apporter ce qu'il faut, là où il faut et quand il faut.»

On peut cependant distinguer plusieurs logistiques différentes par leur objet et leurs méthodes:

Une **logistique d'approvisionnement** qui permet d'amener dans les usines les produits de base, composants et sous-ensembles nécessaires à la production;

Une **logistique d'approvisionnement général** qui permet d'apporter à des entreprises de service ou des administrations les produits divers dont elles ont besoin pour leur activité (fournitures de bureau par exemple);

Une **logistique de production** qui consiste à apporter au pied des lignes de production les matériaux et composants nécessaires à la production et à planifier la production; cette logistique tend à absorber la gestion de production tout entière;

Une **logistique de distribution**, celle des distributeurs, qui consiste à apporter au consommateur final, soit dans les grandes surfaces commerciales, soit chez lui en VAD par exemple, les produits dont il a besoin;

Une **logistique militaire** qui vise à transporter sur un théâtre d'opération les forces et tout ce qui est nécessaire à leur mise en œuvre opérationnelle et leur soutien;

Une **logistique de soutien,** née chez les militaires mais étendue à d'autres secteurs, aéronautique, énergie, industrie, etc., qui consiste à organiser tout ce qui est nécessaire pour maintenir en opération un système complexe, y compris à travers des activités de maintenance;

Une **activité dite de service** après-vente assez proche de la logistique de soutien avec cette différence qu'elle est exercée dans un cadre marchand par celui qui a vendu un bien; on utilise assez souvent l'expression «management de services» pour désigner le pilotage de cette activité; on notera cependant que cette forme de logistique de soutien tend de plus en plus souvent à être exercée par des spécialistes du soutien différents du fabricant et de l'utilisateur et dits Third Party Maintenance;

Des reverse logistiques, parfois traduites en français par «logistique à l'envers», «rétro-logistique» ou encore «logistique des retours», qui consiste à reprendre des produits dont le client ne veut pas ou qu'il veut faire réparer, ou encore à traiter des déchets industriels, emballages, produits inutilisables depuis les épaves de voiture jusqu'aux toners d'imprimantes.

Une distinction commode est celle que l'on fait souvent entre les logistiques de flux, production et distribution d'une part, et les logistiques de soutien d'autre part. Ces deux catégories de logistique ont en effet des caractéristiques assez différentes, les premières étant plus liées aux techniques de gestion de la production et aux techniques de marketing et de ventes, les deuxièmes étant plus liées à des méthodes de maintenance et de gestion de rechanges, particulièrement développées dans le domaine militaire ou dans celui de la maintenance des équipements techniques.

7.1.3. Origine de la logistique

La logistique est issue du génie militaire, responsable de l'approvisionnement des troupes afin qu'elles conservent leurs capacités opérationnelles dans la durée. Ce sont donc, les militaires qui ont donné les premiers, une utilisation nouvelle au mot logistique. Pour le **général Jomini**[2] crédité de la première définition communément acceptée de la logistique militaire, la «science logistique nouvelle» ne serait rien moins que la science d'application de toutes les sciences militaires.

Dans effort pour établir une «théorie de la guerre» indépendante de toute situation particulière, il décompose l'art de la guerre en «six parties» dont la quatrième est «la logistique ou application pratique de l'art de mouvoir les armées». Pour lui, la logistique comprend les moyens et arrangements qui permettent d'appliquer les plans stratégiques et tactiques.

Les deux métiers de base de la logistique sont donc, la gestion des stocks de marchandises et d'armes puis leur transport. Ceci explique que la logistique moderne soit née chez les transporteurs et chez les grossistes. Cependant, avant

---

[2] Premier théoricien de la logistique militaire.

de l'aborder dans son aspect moderne, il convient tout d'abord de ressortir ses origines.

Le terme logistique prend racine dans le grec «logistikos» qui signifie «administrer». L'institution militaire a utilisé ce terme pour définir l'activité qui réussit à combiner deux facteurs nécessaires dans la gestion des flux: l'espace et le temps. La logistique a donc été un sujet de réflexion intensif pour les grands chefs militaires.

Au IVème siècle avant JC., **Sun Tzu**[3] met en avant la nécessité de disposer de chariots d'approvisionnement de denrées alors qu'Alexandre le Grand (356-323 avant JC.) avant de se lancer dans son périple en Asie, brûla tous ses chariots de denrées afin de rendre moins pesante la mobilité de ses troupes.

De par cette réflexion, Alexandre le Grand avait pensé faire précéder le mouvement de ses armées par l'organisation du ravitaillement. Ainsi Jules César en créant la fonction «logista» chargeait un officier de s'occuper des mouvements des légions romaines pour organiser les campements de nuit et constituer les dépôts d'approvisionnements dans les villes soumises. Il apparait dès lors une prise de conscience de l'importance de la gestion logistique. Cette importance va, au fur et à mesure des siècles se manifester.

Dans le cadre de ce cours, nous allons principalement suivre l'évolution de la logistique du 18ème siècle jusqu'à nos jours.

AU 18ème siècle, Les dirigeants militaires ont éprouvé la nécessité d'assurer la survie de la collectivité en aménageant des sites et des forts pour se protéger des attaques ennemies. A partir du 18ème siècle, trois étapes principales sont considérées dans le mode de traitement de la logistique dans les armées:

- Le premier mode est associé aux armées principalement statiques avec un approvisionnement issu des magasins;
- Le second mode correspond à la démarche napoléonienne cherchant essentiellement sur les pays envahis ou les pays de passage, les denrées nécessaires à l'approvisionnement des armées;

---

[3] Premier théoricien militaire de l'histoire à placer la problématique de la logistique au cœur des préoccupations du chef de guerre.

- Le troisième mode correspondant à celui apparu vers les années 1870 et s'appuyant sur une industrialisation des approvisionnements à partir des bases arrière de plus en plus lointaines.

7.1.4. Evolution de la logistique
7.1.4.1. Du 19ème au 20ème siècle

Plusieurs facteurs expliquent l'évolution de la logistique tels que: des facteurs technologiques comme l'apparition du chemin de fer. À partir de 1917, l'automobile et le poids lourd font apparaître une alternative beaucoup plus souple au chemin de fer et la traction motorisée se substitue rapidement à la traction hippomobile. Mais dès lors, le carburant devient la ressource sensible. Pour approvisionner les armées, la création d'un service, le service des Essences, fut nécessaire pour prendre en charge la logistique des carburants.

Au cours des siècles, si la perception de maîtriser correctement les flux a toujours été claire, la façon de l'aborder a été très variée. Dans chaque étape de son évolution, nous devons voir des réponses aux contraintes imposées par la complexité de la gestion des flux et par les moyens de déplacement des armées. Ainsi **Vauban** a utilisé le rôle vital de la logistique en affirmant que «**l'art de la guerre c'est l'art de subsister**».

C'est donc naturellement que la logistique a pris une place croissante dans la pensée militaire au cours de l'histoire. L'institution militaire a aussi constituée un premier corps de connaissance dans ce domaine de la gestion de flux.

La pensée de la logistique civile s'est donc construite en parallèle à la pensée de la logistique militaire du fait de finalités différentes. Cependant les problèmes de base restent les mêmes. L'institution militaire a insufflé de façon périodique des avancées significatives en logistique qu'elle soit militaire ou civile. Au cours de la Seconde Guerre mondiale, les travaux structurant la recherche opérationnelle se sont développés, permettant ainsi aux entreprises, dès la période de l'après-guerre, d'adopter un premier traitement de la logistique par la voie quantitative.

7.1.4.2. Perception moderne de la logistique

C'est pendant la seconde guerre mondiale que l'Europe intègre la logistique, accompagnés d'efforts économiques importants et de ravitaillements de biens de soutien considérables sur les champs de bataille du monde entier. Par conséquent, la logistique a trouvé une place de choix dans l'appui de la stratégie et de la tactique. Dès lors, elle devait faire face à la nécessité de surmonter les entraves de l'espace et du temps. Cependant, malgré tout, des différences considérables apparaissent entre la logistique militaire (politico-stratégique) et la logistique civile (économique).

La première (militaire et civile) a atteint un grand niveau de perfection et d'efficacité, grâce au développement de méthodes scientifiques (en particulier dans le domaine de la recherche opérationnelle) et à l'essor du traitement électronique des données et des technologies de la communication qui ont suivi la Seconde Guerre mondiale, grâce aussi aux expériences et au savoir acquis.

La seconde (économique), a pris son essor dans les années 70, lorsque les entreprises ont cherché à limiter les coûts liés à la gestion de leurs stocks et à appliquer les méthodes du «juste à temps», notamment par la mise en place de nouvelles méthodes de planification de leur production et de leurs approvisionnements en interne. Dans les années 90, la logistique s'est élargie aux flux entre entreprises, depuis les fournisseurs initiaux jusqu'au client final.

Aujourd'hui, «la logistique est un secteur essentiel de l'activité économique et constitue une nouvelle forme de l'activité industrielle et de services». Elle s'est imposée comme un élément de différenciation par le service (respect des délais, conformité des commandes, capacité à gérer les retours clients et le service après-vente…) et offre une gamme d'activités de plus en plus large. Elle est indissociable des systèmes de production et de consommation et très imbriquée avec toutes les fonctions de l'entreprise (fonctions commerciales, achats, recherche et développement, marketing …).

7.1.4.3. Des transformations récentes et actuelles

A. Evolution de l'organisation de la production

Une des premières explications de l'évolution de la logistique durant les vingt dernières années est l'évolution organisationnelle de la production:

L'hyper-segmentation, importante des produits et leur différentiation selon les besoins des clients ont résulté en un besoin de flexibilité accrue au niveau des lignes de production et ont profondément modifié le fonctionnement de la logistique.

Le juste-à-temps, politique qui découle en partie de cette segmentation et de ce besoin de flexibilité, nécessaire pour respecter les délais donnés par les commerciaux mais aussi pour diminuer le nombre de produits stockés grâce à des livraisons régulières de marchandises, a largement transformé la fonction logistique.

Les délocalisations importantes des usines textiles, mécaniques, etc., ont abouti à la création d'usines d'assemblage distinctes des usines de production; elles ont modifié les flux de marchandises en Europe et à l'international.

Dans ce cadre, la maîtrise globale de la «supply chain [4]» revêt une importance croissante pour les entreprises. En effet, les enjeux de la logistique sont larges au sein de l'entreprise:

- **Soutenir une politique de qualité:** il s'agit de limiter les erreurs, les avaries ou de maîtriser les délais: c'est le cas, par exemple, de l'industrie automobile qui ne cesse d'améliorer ce point stratégique de la logistique.
- **Équilibrer les coûts d'entreposage, d'approvisionnement et optimiser le choix géographique** des dépôts pour assurer la meilleure rentabilité du produit.
- **Réduire les coûts d'exploitation en optimisant les structures physiques d'entreposage** par le regroupement de dépôts de produits dangereux ou de produits de l'industrie agroalimentaire impliquant des coûts d'exploitation d'infrastructures spécialisées comme des silos à grain ou des réservoirs de produits toxiques.

B. Transformations au niveau des flux d'informations

La logistique ramène invariablement les industriels à une réalité bien concrète: stocker des palettes, manutentionner des produits et remplir des camions. Mais à ces flux physiques s'ajoutent les flux de données. Avec internet et l'harmonisation de certaines règles européennes, les prestataires ne se contentent plus d'une logistique de stocks, ils passent à une logistique de flux.

En d'autres termes, ils ne se contentent plus de maîtriser quelques briques du système d'information de leur client, mais développent des logiciels de

---

[4] La chaîne d'approvisionnement ou cycle de la chaîne d'approvisionnements

planification de l'amont vers l'aval: les donneurs d'ordre sont alors reliés à leurs prestataires logistiques et leur ouvrent alors leur gestion de production.

Ces prestataires logistiques proposaient déjà un suivi de la marchandise et une traçabilité de cette marchandise grâce à l'échange de données informatisées (EDI): ils se lancent aujourd'hui sur internet.

Mais au cœur de la réflexion logistique se retrouvent à nouveau les délais et les coûts de livraison. L'informatique, en augmentant la rapidité des flux d'informations, a accru en même temps les échanges entre les acteurs des flux physiques. Ainsi, loin d'éloigner les individus, l'informatique a rendu les contacts de plus en plus importants en même temps qu'elle accentue la traçabilité tout au long de la chaîne logistique.

7.2. Eléments et caractères de la logistique
7.2.1. Eléments et la fonction logistique
7.2.1.1. Eléments de la logistique

Les principaux éléments qui constituent l'efficience de la logistique sont:

- La **qualité**, c'est-à-dire la conformité du service logistique avec les attentes ou besoins du client;
- Le **coût;**
- Les **délais.**

Au moins ces trois paramètres (qualité, coût, délais) et dorénavant la sûreté, dépendent les uns des autres et, expliquent l'importance stratégique de la fonction logistique pour de nombreuses entreprises. La fonction logistique a pris une importance telle qu'elle a donné lieu à l'apparition d'un métier à part entière, dont l'objet est justement et uniquement de réaliser les opérations qui appartiennent à la logistique, pour le compte de clients, industriels ou distributeurs, dans le cadre d'un contrat de sous-traitance.

7.2.1.2. Fonction logistique

La fonction logistique a deux missions principales: d'une part une mission

Opérationnelle et d'autre part une mission stratégique.

a. Opérationnelle

La fonction logistique a pour mission, la gestion des flux physiques et l'évaluation des flux informationnels associés… et des moyens pour les évaluer et les améliorer au niveau quantitatif comme qualitatif (gestion de la qualité). Elle est au centre et aux extrémités de la production coresponsable auprès de tous les services de la qualité des flux physiques.

b. Stratégique

La logistique a pour objet de satisfaire la demande de flux physiques (matières, transport, emballage, stock…), et en accord avec le responsable de l'urbanisation du système d'information, des flux d'informations associés (notion de traçabilité). Elle est coresponsable de la gestion de la chaîne logistique des moyens qui permettent d'atteindre cet objectif (matériels, machines…) et mobilise avec l'aide des autres services, des ressources (humaines et financières) pour y parvenir.

Dans un sens large, la logistique peut être considérée comme l'outil permettant de réaliser la production initiée par le service marketing/vente. Elle est gérée par des personnes physiques ou morales appelées «LOGISTICIENS», encore appelés «SUPPLY CHAIN MANAGER». Cet anglicisme regroupe les métiers de gestion de la chaine d'approvisionnement: prévisionniste, planificateur, responsable des transports,

La fonction logistique gère directement les flux matières, et indirectement les flux associés immatériels: flux d'informations et flux financiers. Les flux matières sont souvent subdivisés arbitrairement comme: **"amonts"** (de la production à l'entrepôt); **"avals"** (de l'entrepôt à la consommation); **"retours"** le flux retours (*reverse Logistics*) (du consommateur au recycleur ou destructeur ou bien du consommateur au producteur).

7.2.2. Caractère et activités de la logistique
7.2.2.1. Caractère

En tant que caractère, la Logistique est:

- Prévisionnelle
- Communicatrice
- Réactive

- Flexible

7.2.2.2. Activités de la logistique

a) Les activités amont

Comprennent:

Le développement (création ex nihilo ou modification de l'existant) et la recherche de sources d'approvisionnement, dans ou à l'extérieur de l'entreprise cliente, par la mise en relation avec des:

- Fabricants aussi dénommés producteurs, industriels, fournisseurs ou sous-traitants;
- Prestataires de services, aussi dénommés sous-traitants ou encore commissionnaires de transport ou transporteurs;
- Achats qui impliquent la notion de "contrat" et de "vendeur".

L'approvisionnement qui induit la notion de "commande" (ouverte ou fermée), de bons de commandes (à l'extérieur) ou de "demandes, bons ou ordres de fabrication, de livraison…" (à l'intérieur) et de fournisseurs (*supplier*).

Le transport amont et les opérations de douane, pour acheminer les marchandises (Produit fini ou matériaux, minerais, composants…) vers un point de stockage (notion de stock) ou une plateforme de préparation de commande (notion de Juste-à-temps ou flux tendu).

b) Les activités avals

Comprennent: (1) Le stockage; (2) le suremballage, la constitution de kits ou de lots, le conditionnement à façon, l'adressage… (3) la préparation de commandes; (4) la répartition; (5) l'éclatement; (6) le transport aval (après le lieu de stockage), qui se décompose en:

- *"traction"*, c'est-à-dire le transport jusqu'à un point de répartition ou d'éclatement ou de mise en tournée;
- *"passage à quai",* pour "éclater", **"répartir"** ou "mettre en tournée" sur d'autres véhicules;
- **"distribution"**.

7.2.2.3. Les activités «en retour» ou Reverse logistics

On entend par logistique retour ou Reverse Logistics, la gestion de l'acheminement de marchandises, généralement hors d'usage, du point de fabrication (en l'occurrence, le consommateur final) jusqu'au point de réparation, de recyclage ou de destruction définitive et totale. La gestion des flux retours est potentiellement un marché prometteur, parce qu'elle devrait, d'une part, permettre à terme, de recycler des matières premières de plus en plus rares (donc chères) et d'autre part parce qu'elle est source d'emplois.

Elle représente cependant une dépense supplémentaire, à court terme, pour les entreprises et les particuliers. La logistique est une technique de contrôle et de gestion de flux de matière et de production, depuis leurs sources d'approvisionnement, jusqu'à leur point de consommation.

C'est aussi un ensemble de techniques permettant de gérer et de synchroniser tous les flux (physiques et informationnels). Pour y parvenir, elle s'est dotée de quelques missions fondamentales:

7.3. Caractéristiques des services logistiques
7.3.1. Le délai: importance du facteur temps

Le délai est la caractéristique centrale en logistique. Il a plusieurs significations:

- Délai de transport (du départ du camion à son arrivée chez le client ou à sa réception par le client);
- Délai de traitement de la commande, y compris le transport;
- Délai de traitement de la commande, hors transport. Le respect du délai permet à la fois de satisfaire les clients et de limiter les coûts et les pertes de revenus pour le fournisseur. Ainsi sont détaillés pour calculer les temps de livraison: les contrôles à réception, les contrôles à la douane, l'établissement des documents juridiques, les préparations de palette, les coûts des entrepôts, des véhicules, etc.

7.3.2. La fiabilité

Si le délai est central dans les services logistiques, la fiabilité l'est autant. En effet, certains clients préfèrent une fiabilité sur le respect des délais moyens de livraison plutôt que des délais plus courts, mais variables.

Le délai moyen détermine pour le client son stock tournant qui lui permet de fonctionner entre deux livraisons. Il y ajoute un stock de sécurité, établi en fonction de la fiabilité du prestataire logistique. Il peut alors être plus intéressant pour un client d'augmenter la durée de son stock tournant s'il peut réduire celle de son stock de sécurité.

Délai et fiabilité vont alors de pair. Un fabricant de voitures organisera sa production non plus en fonction de quantités décidées à l'avance, mais en fonction de commandes spécifiques pour un marché identifié, un délai imparti et une fiabilité assurée.

Le groupe Renault livre, par exemple, des pièces détachées sur un chantier en Afrique de l'Ouest pour la maintenance d'engins de travaux publics: c'est une commande précise qui devra être suivie tout au long de son acheminement et devant arriver dans un délai fixé par avance, afin d'éviter un arrêt des travaux sur le chantier.

Toute erreur de documentation commerciale lors de l'expédition, toute avarie ou perte de ces pièces, et tout retard de livraison auront des conséquences financières importantes. Ce processus fait appel à plusieurs acteurs de la logistique: commissionnaires de transport, transitaires, transporteurs, etc., la fiabilité est alors centrale.

7.3.3. La disponibilité

Cette contrainte constitue également le cœur de la logistique. La disponibilité représente la capacité à livrer des produits selon des besoins dans les délais et les conditions prévus sous peine de provoquer des ruptures de stocks pour le client. Le risque commercial peut alors amener le client à annuler des commandes ou se détacher du fournisseur en cas de non disponibilité des produits.

7.3.4. La qualité du transport et la conformité

Enfin, les commandes livrées doivent être conformes aux demandes des clients et ne doivent comprendre aucune erreur, issue notamment de leur préparation. De même, les produits doivent être livrés selon les règles inspirées par leurs caractéristiques:

• Le respect de la chaîne du froid pour les produits à température dirigée;

• Ou encore le respect de la stabilité pour les produits fragiles.

7.4. Logistique industrielle

En général, la logistique comprenez trois tâches:

- Approvisionnement des matières;
- Stockage des flux;
- Charroi automobile (Transport des marchandises)

7.4.1. Logistique d'approvisionnement (amont)

La logistique d'approvisionnement dans une entreprise comprend 5 taches; à savoir: la préparation des commandes, l'organisation des services des commandes, la transmission des commandes, le transport des marchandises, la réception et contrôle des flux.

1) Préparation des commandes

La question qu'on se pose ici est de savoir «qu'est-ce que vous voulez acheter?». La réponse à cette question dépend des objectifs de l'entreprise. Par exemple: au lieu de Coca, on achète Fanta. Un logisticien n'est pas un décideur, mais un facilitateur. Dans la préparation, il doit:

- Identifier les flux;
- Quantifier les flux;
- Faire rapport à la hiérarchie (dépend de l'organigramme de l'entreprise).

Exemple: le nouveau logisticien d'une entreprise sait déjà les informations sur les intra nécessaires à la fabrication de X produits et le temps d'approvisionnement.

L'élément déclencheur du processus d'approvisionnement pour le logisticien est le «stock alerte». Il ne faut pas laisser trop de temps de consommation, au risque de connaitre une rupture de stock.

2) Organisation des services de commande

• Communiquer

Le logisticien doit communiquer aux fournisseurs par la passation des marchés privés. Au moins trois fournisseurs sont contactés pour lancé l'appel d'offre avec «le bon de commande». Deux questions doivent être soulevées:

- Quel flux?
- Quelle quantité?

Après avoir lancé l'appel, les fournisseurs devront donner «les factures performants» appelé autrement les offres financières des fournisseurs. Après avoir reçu ces factures, le logisticien devra procéder aux différentes analyses afin de s'assurer de: la qualité, du temps de livraison, d'une quantité élevée à faible prix.

• Négocier

Après avoir analyser les différentes factures, le logisticien doit encore négocier les prix. C'est à ce niveau que le logisticien gagne en «retro commission». Et en même temps, il faudra négocier sur le transport. La réussite des négociations interviendra lorsque le fournisseur sera d'accord à vous livrer (approvisionner).

• Rapport

Une fois les négociations bouclées à ce premier niveau, le logisticien devra faire rapport à la hiérarchie. Le chargé de finance devra valider et permettre de poursuivre les négociations.

3) Transmissions des commandes

Elaboré un nouveau bon de commande en fonction des négociations bouclées précédemment et à un temps raisonnable. Exemple: le procès 100 jours, malgré le temps et l'espace, la logistique de Jamal avait failli.

4) Transport des marchandises

Si, le fournisseur se porte garant d'apporter la marchandise à l'entreprise, Il n'y aura pas de problème. Au cas contraire, le logisticien chargé du transport (charroi automobile) devra s'occuper de récupérer les marchandises auprès du fournisseur et assurer son transport jusqu' l'entreprise.

5) Réception et contrôle des flux

Après livraison, le logisticien procédera au contrôle qualité et prix lors de la réception des marchandises en confrontant le bon de livraison et le bon de commande. En cas de conformité, le logisticien devra faire rapport à la hiérarchie et son travail prend fin en tant que logisticien chargé d'approvisionnement.

7.4.2. Logistique de production (Stockage)

Elle comprend 6 taches, à savoir: réception et contrôle des marchandises, comptabilité des flux, stockages des marchandises, organisation des sorties, inventaire des stocks, préparations des commandes externes.

1)   Réception et contrôle des marchandises

Elle correspond à la dernière étape de la logistique d'approvisionnement. La réception des quantités commandées par le logisticien d'approvisionnement se fait ensemble avec le logisticien de stockage. Cette vérification d'équipe fait gagner du temps à l'entreprise.

2)   Comptabilité des flux

Il s'agit d'enregistrer les flux dans une base de données informatique en tenant compte de la nature de chaque flux. Le gestionnaire de stockage est celui qui maitrise les besoins de l'entreprise.

3)   Stockage des marchandises

Cette tache dépend du gestionnaire de production. Elle consiste à mettre les flux dans:

- Un entrepôt (grand espace): permet de stocker les flux de longue durée;
- Une plateforme (au début): permet de stocker à très court-terme, à l'immédiat, en quelques heures les flux. Exemple: le carburant.

On ne peut pas par exemple mettre ensemble le riz et le pétrole. Le gestionnaire d'entrepôt dépend d'une entreprise à une autre. Le stockage est fonction des besoins, rubriques et dispatching.

4) Organisation des sorties

Aucun flux ne peut sortir sans l'aval du logisticien de stockage. Cette sortie est conditionnée par «le bon de sortie». L'organisation des sorties marche de pair avec la préparation des commandes externes. Cette étape permet de gérer les flux de vente et achats.

5) Inventaire des stocks

Le gestionnaire des stocks doit vérifier en temps réel les stocks.

6) Préparations des commandes externes

Les commandes externes doivent toujours être équilibré selon les besoins. Il faudrait avoir les gens de confiance, mais toujours procéder au contrôle avant de faire le rapport.

7.4.3. Logistique de distribution ou transport (aval)

La logistique de transport est aussi appelé le charroi automobile ou encore le charroi de distribution. Elle compte 6 taches, à savoir: planification des activités, évaluation des personnels, attributions des véhicules, vérification des documents et véhicules, vérification de l'entretient et approvisionnement en carburant, contrôle de tout mouvement routier.

1) Planifier les activités

La question qu'on se pose dans cette tâche est de savoir «quelles sont les activités qui nécessitent les matériels roulants? en tant que gestionnaire des transports, il faudrait juger de la nécessité et importance avant d'allouer les véhicules pour le compte du travail

2) Evaluation des personnels

Il faudrait affecter les chauffeurs dans des itinéraires différents en fonction de leur performance et capacité. Exemple: tout chauffeur ne peut pas faire Kinshasa-Matadi en une journée.

3) Attributions des véhicules

L'allocation des véhicules doivent être fait en fonction de: la mission, la distance, l'itinéraire, les besoins. Exemple: pour une course au centre-ville, le véhicule IST, et pour une course pour Matadi, le véhicule Prado.

4) Vérification des documents et véhicules

Tout documents nécessaires à la circulation du véhicule et du conducteur.

5) Vérification d'entretien et approvisionnement

Il faudrait toujours vérifier l'Etat du véhicule en effectuant de contrôle technique et l'entretien en permanence. Toujours approvisionner chaque véhicule en carburant.

6) Contrôle des mouvements routiers

Le gestionnaire de transport doit contrôler les itinéraires des chauffeurs en effectuant des appels en permanence. Contrôler les heurs de début et de la fin.

Chapitre 8. LOGISTIQUE ET ENVIRONNEMENT ECONOMIQUE

8.1. Filières industrielles

Les armées développèrent les principes logistiques parce que l'organisation des mouvements de troupes nécessitait une gestion centralisée de flux de grande envergure tant sur le plan numérique que géographique.

De même, sur le plan économique, c'est le développement de l'envergure des entreprises qui permet de comprendre la logistique d'entreprise.

8.1.1. Le développement des échanges et les moyens logistiques

Le passage à une économie d'échange a engendré division du travail et essor des sciences et des techniques. Mais qui dit échange, dit capacité à transporter les produits manufacturés sur leur lieu de commerce. Nous mesurons donc l'importance que prendront, dans le développement des capitalismes nationaux, les deux paramètres intimement liés que sont le transport et la puissance productive.

Dès le Moyen Age, la puissance de transport a été un facteur primordial du développement économique. Pour prendre son plein essor, le capitalisme naissant avait besoin que les marchands puissent se rencontrer pour échanger les productions des petites manufactures. Pour ce faire, des routes devaient permettre de relier les campagnes à la ville, puis les villes entre elles. Le XIIème siècle fut notamment marqué par des constructions de ponts et de canaux reliant les rivières entre elles.

L'infrastructure en matière de transport et la rationalisation de son utilisation deviennent alors un objectif prioritaire des nations. La puissance économique se mesure, pour une grande part, en nombre de kilomètres de routes, en capacités maritimes pour les relations avec les colonies, puis en capacités fluviales, ferrées et enfin aéroportées.

En France, par exemple, au XIXème siècle, l'Etat mène une politique de rationalisation des voies de communication. Ainsi, dès les années 1830, il intervient par des crédits de plus en plus importants dans l'aménagement des réseaux routiers et fluviaux. Mille quatre cents kilomètres de canaux sont construits entre 1830 et 1848.

Une véritable course-poursuite s'engage entre les grandes nations pour disposer d'une puissance logistique apte à répondre aux besoins d'échanges d'un capitalisme en plein essor. En 1913, le réseau total des voies ferrées dans les cinq plus grandes puissances (Etats-Unis, Royaume-Uni, Russie, Allemagne, France) représente 80 % des chemins de fer existant de par le monde. En vingt ans, cette capacité a augmenté de 70 % (340 000 kilomètres construits). Ce besoin de puissance logistique en matière de réseaux ferrés, mais aussi de transport d'électricité, conduit à la constitution de grandes entreprises.

Les investissements colossaux indispensables conduiront à une rationalisation dans les cadres nationaux par l'étatisation ou d'autres formes de monopole.

8.1.2. La constitution de groupes multinationaux et les besoins d'administration logistique

L'enjeu de cette puissance logistique était d'autant plus stratégique qu'elle accompagnait sur un autre plan la formation de régions industrielles spécialisées (mines, sidérurgie) et, au sein de ces régions, d'entreprises gigantesques.

En effet, l'utilisation d'une technologie de plus en plus sophistiquée a donné naissance à des outils industriels qui représentaient des investissements toujours plus onéreux. Seuls de puissants groupes industriels pouvaient y accéder. Il s'ensuivit un mouvement de concentrations industrielles où l'on vit, par exemple, l'AEG (Société' générale d'électricité) en Allemagne passer de 30 700 salariés en 1907 à 60 800 en 1911. General Electric aux Etats-Unis est passé de 28 000 salariés à 32 000 entre 1907 et 1911.

Depuis, ce processus de concentration n'a cessé de s'amplifier. De gigantesques oligopoles multinationaux se développent actuellement. En France, 3% des entreprises réalisent 90% des exportations. Sur le marché intérieur des produits de grande consommation, les deux premiers fournisseurs de produits détiennent plus de 50 % du marché dans la grande majorité des familles de produits.

Un tel degré de concentration économique atteint, il n'est plus possible de parler de libre concurrence au sens des économistes libéraux du XVIIème siècle. En effet, selon ces derniers, les lois du marché régulent l'organisation économique. Les prix se forment par le jeu de l'offre et de la demande. Les entreprises naissent et disparaissent par ce jeu. Pour que la libre concurrence existe, il faut une multiplicité de fournisseurs telle que, ceux-ci ne pouvant se connaitre exhaustivement, ils ne soient pas en mesure de s'entendre entre eux. Il doit en être de même pour les clients. Or, aujourd'hui, les filières économiques sont contrôlées par quelques groupes.

Cela a des conséquences importantes pour l'organisation logistique des flux matières. En effet, dans une organisation économique éparpillée, chaque petite entreprise se charge de gérer ses propres besoins en matière de transport. Dans une filière économique contrôlée par quelques groupes, ceux-ci ont la possibilité' d'imposer leurs exigences logistiques. Ainsi, par exemple, un équipementier automobile doit se plier à la volonté, en matière de délais de livraison, de Renault ou de PSA. Sinon, il est condamné à disparaitre, car il ne reste que ces deux producteurs en France.

Les activités d'une entreprise se pensent de plus en plus rarement à une échelle locale. Ainsi, une entreprise comme Renault emploie 100 000 salariés dans dix-sept usines en Europe et treize dans le reste du monde. Ces usines sont approvisionnées par 13 600 fournisseurs qui distribuent leurs produits dans des milliers de points de vente repartis dans le monde entier.

L'organisation de la production des biens manufacturés s'internationalise. Si un Airbus est assemblé en France à Toulouse, de nombreux acteurs internationaux sont impliqués dans la fourniture de composants essentiels (les sociétés allemandes fournissent les fuselages, l'empennage vient d'Espagne et les ailes de Grande-Bretagne). Cette organisation productive continentale se généralise pour donner un cadre mondial à l'appareil productif. Ces évolutions conduisent à l'émergence d'un nouveau concept de produits dits «Made in the world».

Le tout neuf Dreamliner 787 de Boeing a des ailes japonaises et des extrémités d'ailes coréennes. Dans des produits de grande consommation, l'iPhone «Made in China» ne contient en réalité que 4 à 5% de «Chine» dans son prix de sortie d'usine. Ces évolutions conduisent à l'émergence d'un nouveau concept organisationnel: le «Made in the world».

La logistique est une préoccupation majeure car il y a une gestion centralisée et internationalisée des échanges par quelques groupes industriels. Philips gère pour sa part 400 usines réparties dans plus de 100 pays et desservant 200 000 points de vente. Au fur et à mesure de leur développement, les groupes industriels ont dû prévoir des organisations logistiques sophistiquées que l'on peut décomposer en:

- Logistique d'approvisionnement des matières nécessaires à l'activité industrielle;
- Logistique de production: flux internes de matières (dans les usines et entre les sites de production);
- Logistique de distribution: acheminement des biens au client

Figure n° 1: Les domaines englobés par la logistique

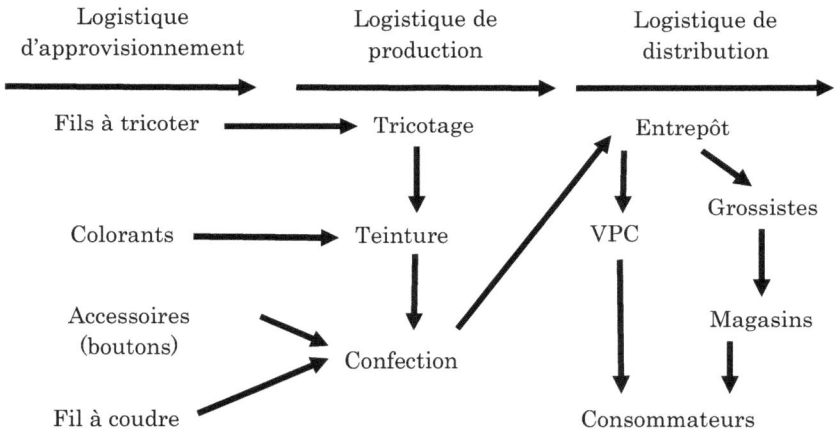

La figure ci-dessus illustre le cas d'une entreprise textile de fabrication d'articles en maillé.

8.1.3. Lever les obstacles aux flux physiques et aux flux d'informations

Les groupes multinationaux dépassent le cadre des frontières nationales. Ainsi, 50% des échanges entre le Canada et les Etats-Unis sont le fait de relations de livraison et d'approvisionnement entre sociétés mères et filiales. Ces échanges intra-firmes représentent désormais plus du tiers des échanges mondiaux. La France n'est pas épargnée: en 1997, dans le secteur industriel, 34 % des exportations et 31% des importations étaient intra-firmes.

En 2016, plus de 60% des produits manufacturés échangés sont des produits intermédiaires ou des composants. Ce phénomène devrait aller en s'accentuant dans les vingt prochaines années.

Ce développement correspond à des restructurations des groupes industriels qui spécialisent leurs sites de production nationaux. Les accords de libre-échange entre Etats d'Amérique du Nord, d'Europe ou d'Asie offrent aux groupes une plus grande facilité dans l'organisation des flux de capitaux et de marchandises. Ils visent à accompagner cette «multinationalisation» des sites d'approvisionnement, de production et de distribution.

Dans ce contexte internationalisé des filières économiques, tous les acteurs sont centralisés ou contrôlés par un nombre restreint d'oligopoles. Les multinationales cherchent continuellement à lever tous les obstacles qui entravent la fluidité de la circulation des informations et des marchandises au sein de leur organisation centralise ́e et mondiale des flux.

Avec l'imbrication de leurs chaînes de production entre plusieurs pays, les groupes veulent lever les obstacles aux flux physiques et d'informations. Ceux-ci sont de trois ordres:

Obstacles internes aux entreprises: la taille gigantesque des entreprises rend la communication interne complexe. Il faut organiser les relations entre les services (commerciaux, administratifs, productions, achats, etc.), harmoniser les procédures entre unités de production. Les entreprises développent leur système de messagerie interne afin d'accélérer et de rendre fiable la transmission des instructions et de favoriser la remontée des informations vers les directions.

Ainsi, par exemple, les grands groupes se dotent de salles de vidéo-conférences qui leur permettent, par télétransmission, d'organiser des réunions entre des responsables d'unités distantes de plusieurs milliers de kilomètres.

Obstacles inter-entreprises: Les firmes doivent coordonner l'activité de leurs multiples partenaires (fournisseurs comme clients). Il leur faut lever des contraintes techniques telles qu'homogénéiser le niveau de qualité des fournisseurs de composants, rendre compatibles les systèmes informatiques, faciliter la manutention des conteneurs (par exemple: rendre la hauteur sur palette conforme au magasinage dans les entrepôts), etc. Les entreprises et administrations ont ainsi chargé des organismes de la normalisation des communications informatiques afin de créer des conventions de codage de l'information.

Obstacles géopolitiques: les entreprises doivent prendre en compte l'environnement dans un contexte de plus en plus multinational. Il en découle deux types de contraintes s'opposant à la fluidité des informations et des marchandises:

- **Des contraintes culturelles**: les pratiques culturelles et les modes de vie (comme les productions nationales de fromage, de pain, etc.) ont une influence sur le commerce mondial. Nous relèverons pour la logistique le problème majeur posé par la langue pour la circulation transnationale de l'information. Les groupes tendent à le résoudre par l'usage systématique de l'anglais;
- **Des contraintes administratives:** chaque Etat dispose d'une législation propre (droit du travail, des sociétés, procédures douanières, normes de qualité). Les groupes multinationaux sont donc demandeurs d'une harmonisation qui facilite leur gestion. Le monde s'organise en zones de libre-échange par des accords régionaux (ASEAN pour l'Asie du Sud-Est, CEDAO pour l'Afrique de l'Ouest, CEMAC pour l'Afrique centrale, ALENA pour l'Amérique du Nord, MERCOSUR pour l'Amérique du Sud; l'AFTA laisse entrevoir un accord pour l'ensemble du continent américain). L'Union européenne travaille ainsi à simplifier les obligations déclaratives pour acheminer les marchandises. Il s'ensuit une diminution des coûts de transport en même temps qu'une plus grande souplesse dans son organisation.

8.2. Contraintes financières de l'entreposage

Si le XIXème siècle et le début du XXème siècle ont été marqués par la concentration industrielle, la fin du XXème siècle se caractérise par l'essor des marchés financiers. En effet, accompagnant la concentration industrielle, nous voyons actuellement se développer une économie spéculative qui draine une masse énorme de capitaux. L'entreprise intègre dans ses réflexions stratégiques ce contexte financier qui a donc des répercussions sur sa gestion quotidienne.

8.2.1. L'économie réelle sous l'étreinte financière

Les flux de matières sont placés dans un contexte financier marqué par une instabilité monétaire et par l'attractivité des bénéfices potentiels des marchés boursiers.

8.2.1.1. Les échanges et les fluctuations des monnaies

En 1992, le Système monétaire européen explosait avec les d'évaluations de la livre et de la lire. La crise de 1997 dans le Sud-Est asiatique a engendré un effondrement des cours des monnaies de cette région. De tels évènements ont des conséquences objectives sur l'économie réelle

Lorsque les monnaies connaissent de grandes fluctuations de cours entre elles, le paramètre monétaire de mesure de la valeur d'échange d'une marchandise est bouleversé. Supposons, pour illustrer ce point, un industriel français qui a décroché un marché vendu 100 000 dollars, correspondant à 100 000 euros, le dollar valant un euro au moment de la prise de commande.

Après une dévaluation de cette monnaie de 15 %, sa commande de 100 000 dollars ne lui sera payée que 85 000 euros. De bénéficiaire, le marché qu'il a décroché peut ainsi se transformer en véritable gouffre financier. Bien sûr, il existe des procédures d'assurance, mais quelqu'un devra payer le différentiel et chercher à le compenser.

Ce danger n'est pas une simple hypothèse intellectuelle. Ainsi:

-   Le dollar valait 9 F en 1985; il valait environ 6 F en mars 1999. En juin 1997, son cours s'établissait autour de 5,30 F, soit environ 12% de moins. De même, l'euro qui valait environ 1 dollar au départ a perdu 30 % par rapport à ce dernier entre janvier 1999 et octobre 2000. En avril 2008, il s'est élevé à 1,60 dollar pour rebaisser à 1,26 dollar en septembre 2009 puis remonter à 1,50 dollar en novembre de la même année pour rechuter trois mois plus tard à 1,40 dollar.
-   Le cours des monnaies entre elles dispose d'une grande sensibilité aux événements géopolitiques mondiaux. En juin 2016, le Brexit (vote britannique en faveur de la sortie de l'Union européenne) a eu un impact immédiat sur le cours de la livre sterling, qui a chuté de 13% créant ainsi une période d'incertitude monétaire sur l'euro et sur les parités monétaires mondiales. De

telles fluctuations signifient que, par le seul jeu des cours des monnaies entre elles, le prix d'un produit sur un marché donné peut varier de 40 %.

8.2.1.2. L'attractivité des marchés financiers

Entre 1980 et 1996, les transactions mobilières (actions et obligations) sont passées de 260 à 7 700 milliards de dollars sur le seul marché des Etats-Unis. L'économie spéculative a un pouvoir d'attraction énorme sur les capitaux attirés par des espoirs de gains rapides et colossaux.

La Bourse de Paris a ainsi progressé de 40 % au cours des six premiers mois de 1998. La cause principale en était un transfert de capitaux fuyant les marchés asiatiques en crise. Dès lors, les cours des actions deviennent totalement erratiques et imprévisibles: régulièrement, les indices boursiers font des bonds ou des plongeons journaliers de 4 a` 5 % sans qu'aucun analyste ne soit en mesure d'apporter une justification satisfaisante.

L'année 2001 et les six premiers mois de 2002 ont effectivement été marqués par une chute boursière. Cette situation ne découle pas de modifications de l'activité économique réelle. En 1993, l'activité financière représentait 95 % du montant des transactions mondiales. Les échanges physiques de marchandises expliquent donc une part négligeable des flux de capitaux.

A` l'évidence, les capitaux industriels sont attirés par les marchés financiers porteurs de gains faciles s'ils sont en hausse. S'ils s'effondrent, les groupes sont conduits à de véritables détournements illégaux de capitaux:

- Ils trafiquent leurs comptes pour attester de bénéfices et continuer à verser des dividendes afin d'enrayer la fuite des actionnaires;
- Ils rachètent leurs propres actions pour en maintenir le cours.

8.2.2. Les conséquences sur l'économie réelle

Dès lors, les coûts et le temps consacrés au stockage des marchandises sont souvent vécus par les industriels comme un mal nécessaire. Il en découle des modifications majeures dans les techniques de gestion des activités productives et distributives.

8.2.2.1. La minimisation des stocks

Les gestionnaires considèrent que les marchandises stockées nécessitent une avance d'argent pour leur achat et leur production. Cet argent sera recouvré le jour où ces marchandises seront vendues et payées. Les stocks représentent donc de l'argent immobilisé qui aurait pu avoir d'autres usages. L'argent immobilisé dans les stocks est d'autant plus considéré comme un manque à gagner que les marchés financiers offrent des perspectives de fortes rentabilités à court terme. Les impératifs financiers expliquent donc, pour partie, le slogan actuel des gestionnaires: «0 stock»!

Il appartiendra au logisticien de faire en sorte que le consommateur (client externe comme client interne à l'entreprise) dispose de son produit à date sans que le stock soit une source d'immobilisation de capitaux. Pris à la lettre, ce slogan apparaît comme une quadrature du cercle: approvisionner en continu pour annuler les coûts de stockage tout en évitant les coûts engendrés par un retard (méventes, pénalités, image de marque, etc.). Il doit être compris comme un objectif de minimisation.

8.2.2.2. La flexibilité croissante des unités économiques

Pour tendre vers cet objectif du «0 stock», il faut produire le plus tard possible par rapport à l'acte d'achat. Dans le textile, par exemple, une production régulière de manteaux d'hiver pendant les six mois qui précèdent octobre créera plus de stocks qu'une fabrication entamée à partir de juillet. L'entreprise cherche donc à rendre les unités de production plus flexibles, c'est-à-dire à produire au plus près des dates et quantités de livraisons à assurer.

Ce besoin de flexibilité nécessite également d'accélérer la circulation physique des informations et des marchandises afin de réduire les temps d'approvisionnement. Si le fournisseur de tissu livre une fois par semaine, l'atelier de confection devra disposer d'un stock suffisant pour pouvoir alimenter une semaine de travail. S'il est livré quotidiennement, le stock nécessaire s'en trouvera diminué d'autant, nonobstant les frais de transport.

Le logisticien devra être l'organisateur de ce raccourcissement des délais:

- De circulation administrative entre le moment où le client passe la commande et le moment où le producteur en est informé. Il est un peu vain de réduire le cycle de fabrication de deux jours à un seul, si la commande met une semaine pour remonter à l'usine;

- De circulation physique entre le moment où la production est achevée et celui où le produit est livré au client.

8.2.2.3. Le développement de la sous-traitance

L'objectif de flexibilité, associé à celui de minimisation des capitaux investis, accroit le recours à des services extérieurs de sous-traitance. En effet, l'outil industriel hyper-centralisé est lourd à gérer car il accepte mal les fluctuations du marché, à la hausse comme à la baisse. Trop de commandes, et ce sont les délais de fabrication qui s'allongent et rendent le client insatisfait. Pas assez, et c'est un outil industriel sous-employé avec des charges fixes incompressibles.

La stratégie des groupes industriels consiste donc, quand c'est possible, à déporter les travaux en direction de sous-traitants. Ceux-ci apportent la flexibilité nécessaire pour adapter la production: la souplesse de leur structure leur permet d'adapter leurs cadences de production aux aléas du marché.

Le travail du logisticien s'en trouve considérablement complexifié. En effet, il lui appartient de gérer les flux matières en provenance d'une kyrielle de petites unités qui, si elles ne livrent pas à temps, paralyseront les chaînes de montage et empêcheront la livraison du client à la date prévue.

8.2.2.4. L'accroissement de l'internationalisation des groupes

Le développement de l'activité spéculative est tel que plus de 50% des profits réalisés par les 1 000 premières entreprises françaises sont consacrés à la réalisation d'OPA à l'étranger, c'est-à-dire à la prise de contrôle de nouvelles entreprises.

Avec la fluctuation des cours des monnaies, cette internationalisation est cependant très périlleuse: du jour au lendemain une unité de production rentable dans une filière industrielle peut devenir un fardeau si la monnaie de son pays s'est renchérie. Aussi assistons-nous à des ouvertures et des fermetures d'unités de production par les groupes qui ont une vision mondiale de leur stratégie d'approvisionnement et de distribution.

Ainsi, en juin 2002, l'entreprise Whirlpool a reconfiguré sa production européenne en spécialisant l'usine d'Amiens dans le sèche-linge et en transférant le lave-linge en Slovaquie. On assiste à une explosion des IDE (investissements directs à l'étranger) notamment des groupes multinationaux qui investissent en direction des pays à faibles coûts de main-d'œuvre.

Le logisticien devra donc prévoir une organisation des flux physiques suffisamment souple pour qu'elle puisse s'adapter à de nouvelles et soudaines configurations.

8.3. Problématique de l'impact environnemental sur la logistique
8.3.1. Impacts environnementaux de transport

Les impacts environnementaux les plus aigus liés au développement de la logistique se situent dans le secteur des transports. Avec la mondialisation de l'économie, les transports ont souvent été considérés comme un secteur connaissant une croissance illimitée, le bien-être était associé à la hausse de la mobilité jusque dans les années 1980. Cette situation a évolué avec la prise de conscience des impacts environnementaux du transport (Wackermann, 2005). L'augmentation continue de la demande de transport peut nuire à l'économie elle-même par les contre-productivités (congestion, par exemple) et les nuisances qu'elle génère.

Le transport de marchandises crée différentes pressions sur l'environnement: consommation d'énergie, émissions de polluants, nuisances sonores, impact des infrastructures sur le territoire et les écosystèmes. Ces impacts ont aussi des effets sur la santé humaine: maladies liées rejets de polluants atmosphériques, stress dû au bruit,...

L'évolution non durable du transport a aussi des impacts financiers, elle entraîne des coûts élevés pour la collectivité, pour l'entretien des infrastructures, la réparation des dommages, la congestion de l'activité économique (Région wallonne, 2007).

8.3.1.1. Consommation d'énergie

Le transport représente une part importante de la consommation totale d'énergie finale, environ 25% en Europe et environ 15% dans le monde (Commission Européenne, 2006(2)). L'avion est assurément le mode le plus énergivore. C'est pour cette raison, et à cause du coût que cela entraîne et de sa faible capacité de transport, qu'il est limité au transport express de colis légers. Au niveau des transports terrestres, le transport routier consomme près du double de la navigation intérieure et plus du double du transport ferroviaire.

8.3.1.2. Emissions de polluants

Le transport émet divers polluants, surtout des polluants gazeux, suite à la combustion de carburant. Les principaux polluants atmosphériques sont:

- **Les particules**, qui sont cancérigènes pour l'homme et sont produites par la combustion de combustibles fossiles, particulièrement les composés lourds, fuel, Diesel, Kérosène, …
- **Les gaz à effet de serre**, CO_2, CH_4, N_2O, O_3, halocarbones, SF, … qui absorbent le rayonnement infrarouge du soleil, c'est-à-dire la chaleur, dans l'atmosphère et contribuent à augmenter la température et à modifier le climat du globe. Ils sont en grande majorité produits par la combustion de combustibles fossiles, notamment dans les transports;
- **Les gaz acidifiants**, SO_2, nox, qui acidifient l'atmosphère et les précipitations, ce qui provoque des dégradations à l'environnement, aux constructions et à la santé humaine. Ils sont produits par la combustion de combustibles fossiles, surtout le charbon et les composés pétroliers lourds;
- **Les précurseurs de l'ozone troposphérique, les oxydes d'azote et composés organiques volatils** (COV) produits de la combustion de carburant dans l'air et qui peuvent réagir avec le rayonnement solaire ultraviolet pour former de l'ozone dans la troposphère. Ce gaz est irritant pour l'homme et dégrade l'état de santé des forêts, il participe aussi à l'effet de serre.

Au niveau mondial, la principale préoccupation concerne les gaz à effet de serre, dont les émissions sont en forte hausse et dont la maîtrise sera l'un des défis de ce siècle. La demande de transport est en hausse rapide et la tendance va continuer dans les 30 prochaines années. Ce secteur sera l'un de ceux dont la diminution des effets de gaz à effet de serre sera la plus ardue. Les développements technologiques ont permis de réduire les émissions de certains polluants, tels les précurseurs d'ozone et les émissions de substances acidifiantes, mais le problème des émissions de CO_2 reste entier (Ziehms, 2004).

Le transport passager et marchandises est aujourd'hui responsable d'environ 15% des émissions mondiales de gaz à effet de serre (GIEC 2000).

Au niveau du transport de marchandises, le déséquilibre entre les efficacités énergétiques des différents modes se répercute sur les émissions de polluants. Les émissions de CO_2 par tonnes transportées sont beaucoup plus importantes pour l'avion que pour les autres modes. Les poids lourds et les trains diesel sont les suivants. Les transports les plus propres sont la navigation et le train à traction électrique (bien que ce dernier dépende des sources de production de l'électricité.

La réduction des émissions de gaz à effet de serre du secteur des transports passe soit par une baisse de la demande de transport, ce qui paraît difficile à atteindre actuellement, ou par un report d'une partie des flux routiers et aériens vers des modes moins polluants.

D'autres rejets polluants dus aux transports existent des:

- **Rejets aqueux**: hydrocarbures percolant des voies routières en s'échappant des moteurs ou rejetés dans les cours d'eau par les bateaux suite à des fuites; sels de déneigement se mélangeant à la pluie; pesticides servant à traiter les bas-côtés des routes et des voies de chemin de fer, produits de traitement des traverses de chemin de fer... Ces polluants étant diffus, ils sont très difficilement récupérables et traitables;
- **Déchets**: déchets de construction/destruction d'infrastructures de transport; fluides moteurs et batteries usagées; matériels de transports usagés; boues de dragage des voies d'eau... Ces déchets sont souvent nocifs et doivent faire l'objet de recyclage ou de traitement pour réduire les risques pour l'environnement.

8.3.1.3. Nuisances sonores

Un autre aspect des impacts environnementaux liés au transport est la question des nuisances sonores, problématique complexe du fait de la subjectivité de la notion de bruit.

En effet, la question du bruit se rapporte à différentes notions, celle, objective, du son, phénomène physique, émission d'une onde acoustique perceptible par l'oreille humaine. Le bruit est aussi une notion subjective, liée à la perception du son par l'oreille humaine. On parle de bruit ou de nuisance sonore lorsque cette perception devient désagréable ou gênante, et qu'elle nuit à la santé (Région Wallonne, 2007).

Le bruit provient principalement du transport, des activités industrielles, de construction, des activités de loisirs bruyantes,... Il peut provoquer de la nervosité, des troubles du sommeil et des problèmes de communication pour les personnes exposées. Il entraîne aussi une nuisance pour les milieux naturels et la faune qui y sont soumis, tels que des troubles du sommeil et du stress (Quinet, 2001).

Le bruit généré par le transport routier provient de diverses sources et varie en fonction de la vitesse. En dessous de 50km/h, il provient principalement du moteur, au-dessus, c'est le bruit des pneus qui est dominant. Les freinages constituent aussi une source de bruit importante (Région Wallonne, 2007). Les poids lourds peuvent aussi générer des vibrations dans les bâtiments situés à proximité des axes routiers. Plusieurs solutions existent pour réduire les nuisances sonores le long des routes et autoroutes: installation de ralentisseurs en ville, de revêtements silencieux ou de murs antibruit.

Le transport aérien est une source importante de nuisances sonores, qui se concentrent autour des aéroports, dans les axes de passages des avions. Elles peuvent y être très intenses, entre 80 et 90 décibels, et rendre ces lieux inhabitables (Detiffe, 2005). Le transport aérien de fret express, dont les vols se concentrent la nuit, est une source problématique de bruit pour les riverains, ce qui pousse de nombreux aéroports à interdire les vols nocturnes. Dans les aéroports acceptant ces vols, servant de hubs, centres de distribution pour les entreprises de courrier express aérien, les améliorations technologiques des avions ne suffisent pas à atténuer les nuisances et des mesures doivent être prises par les pouvoirs publics: interdiction des avions anciens et bruyants, rachat et expropriation des habitations, isolation des logements... ce qui entraîne des coûts supportés par la société s'ils ne sont pas répercutés sur les opérateurs aériens.

Le transport ferroviaire est aussi une source de bruit, particulièrement lors du passage nocturne de trains de marchandises, plus longs et plus lourds que les trains de voyageurs.

Les nuisances sonores sont l'un des aspects les plus importants des impacts environnementaux du rail, bien qu'il reste de loin moins problématique que celui généré par la route et le transport aérien. C'est également une source de vibrations pour les bâtiments situés à proximité des voies (Fodiman, 2004).

8.3.1.4. Congestion

L'augmentation du trafic génère une autre externalité négative, la congestion des réseaux de transport. C'est un problème croissant qui concerne les grands axes de transports, les zones urbaines, les zones portuaires et aéroportuaires, c'est-à-dire les zones où les volumes d'échanges sont les plus importants. Les modes de transports les plus touchés sont le transport routier et aérien, mais certaines lignes ferroviaires desservant les ports peuvent aussi être concernées (CEMT, 2007).

Les conséquences environnementales de la congestion sont difficiles à estimer: sur la route, les véhicules roulent plus lentement, leurs émissions sont donc plus faibles, mais ils roulent plus longtemps, et, s'ils sont immobilisés totalement, ils consomment inutilement du carburant.

Pour le transport aérien, la congestion des aéroports provoque une consommation accrue de kérosène, car les avions doivent attendre au sol et à l'approche des aéroports, respectivement pour décoller et atterrir. En Europe, on estime que la congestion représente une surconsommation de 6% de kérosène (Commission Européenne, 2001).

Les solutions pour limiter cette congestion sont un report du trafic vers des modes de transport moins congestionnés, par exemple la voie d'eau. La figure suivante illustre cette solution, une péniche ou un convoi poussé de barges peuvent remplacer à eux seuls des centaines de camions. Une étude allemande estime qu'une péniche de 4000 tonnes remplace 110 wagons de chemins de fer et 220 camions (CNT, 2005). Les modes alternatifs à la route et à l'air ont le second avantage d'être beaucoup moins polluants.

La construction de nouvelles infrastructures et l'agrandissement de celles qui existent n'est qu'une solution partielle et à court terme car l'augmentation de capacité sera suivie d'une hausse du trafic et le problème de congestion réapparaîtra, plus tard ou ailleurs. Le développement du réseau devrait donc se limiter aux maillons manquant du réseau, aux goulets d'étranglements et pas à des extensions importantes.

8.3.1.5. Infrastructures

Le développement du transport nécessite des infrastructures: Le transport routier a besoin d'(auto)routes, de parkings; le chemin de fer a besoin de voies, de gares, de zones de triages; le transport fluvial nécessite des voies d'eau aménagées, des zones portuaires; le transport aérien s'organise autour des aéroports.

Ces infrastructures ont différents impacts environnementaux (Bruinsma et al., 2002):

- Elles consomment de l'espace, entraînent une hausse de l'urbanisation, une artificialisation des terres au détriment des espaces naturels.
- Le bétonnage des sols provoque une hausse du ruissellement des eaux et empêche leur infiltration dans le sol ce qui augmente les risques de d'inondation, de coulées de boues et réduit le renouvellement des eaux souterraines. De plus ces eaux peuvent être chargées de polluants comme on l'a vu précédemment.
- La construction d'infrastructures linéaires, routes, canaux, voies de chemin de fer, morcelle les espaces naturels si des passages ne sont pas aménagés pour la faune, et des zones peuvent être isolées les unes des autres.
- Le paysage est aussi affecté par les infrastructures de transport, elles créent des coupures et peuvent déstructurer les espaces traversés.
- L'éclairage des voies routières, des aéroports perturbent aussi le territoire ainsi que la faune et la flore locale.

Pour atténuer les effets négatifs du transport, diverses infrastructures peuvent être nécessaires, murs anti-bruit pour réduire les nuisances sonores, talus ou rangées de végétation pour atténuer les nuisances visuelles et sonores des routes ou autoroutes. Ces dernières peuvent avoir des effets environnementaux positifs, la végétation le long des routes et des voies de chemin de fer pouvant servir de couloir pour la faune et la flore, mais elles sont coûteuses, souvent à charge de la collectivité, et elles barrent la vue des riverains.

Chapitre 9. ENJEUX DE LA LOGISTIQUE POUR L'ENTREPRISE

9.1. Acteurs de la logistique

Les acteurs de la logistique et du transport prennent en charge:

- Les opérations physiques (transport, manutention et entreposage);
- La gestion des flux nécessitant des outils informatiques pointus;
- La gestion complète des flux de l'usine au client.

Les prestataires logistiques regroupent les transporteurs, mais également les intermédiaires auxiliaires de transport tels que les commissionnaires, agents, transitaires et les sociétés de conseil.

A la recherche d'une valeur ajoutée toujours plus élevée, de plus en plus de prestataires logistiques se définissent comme des «*lead logistic provider*». Ils sont alors les interlocuteurs uniques d'un chargeur et coordonnent à la fois les transports et la gestion des flux. Ce sont les transporteurs qui évoluent vers ce type de services plus complets. Ils se distinguent alors des commissionnaires ou des organisateurs de transport ou des sociétés de conseil qui sont des intermédiaires auxiliaires de transport.

9.1.1. Le chargeur

Selon la définition de l'AUTF[5], «un chargeur est tout industriel, commerçant ou distributeur qui confie directement ou indirectement l'acheminement de ses marchandises à un transporteur, quels que soient le mode et le moyen utilisés.»

Le chargeur est en amont de la chaîne logistique, il est le donneur d'ordre. Il intervient partiellement, à des niveaux plus ou moins importants de la logistique, selon ses choix politiques ou ses moyens humains et matériels. Dans la plupart des cas, il sous-traite le transport, en particulier s'il s'agit d'échanges internationaux.

---

[5] Association professionnelle des chargeurs, l'AUTF représente les entreprises industrielles et commerciales dans leur fonction de donneurs d'ordre aux transports.

Par exemple, le producteur agricole (éleveur ou céréalier) est un chargeur qui doit acheminer sa production soit à l'intérieur du pays, soit à l'international.

Dans la plupart des cas, il confie la totalité de sa logistique à des tiers (coopérative, prestataires logistiques, auxiliaires de transport), c'est-à-dire, l'organisation et l'acheminement de ses cargaisons.

9.1.2. Le distributeur

Le distributeur permet d'assurer les flux tendus, c'est-à-dire stocker le moins de produits et livrer le plus rapidement possible. Il répond à des contraintes de délais et gère les entrepôts et les plates-formes à partir desquels il diffuse auprès des magasins le plus rapidement possible les produits assemblés et préparés. Il intervient aussi bien pour les produits manufacturés, les biens de consommation, les matières premières, que pour les produits agricoles, les denrées alimentaires, etc.

L'enjeu majeur de cette activité est d'être performante à chacune des étapes de manière que l'ensemble de la chaîne logistique soit optimisé, en termes de temps, de qualité et de continuité des flux.

Dans le secteur de la grande distribution, en particulier, nous assistons actuellement à un regroupement de plates-formes logistiques, à un développement des systèmes d'information (tracing, tracking) et à une massification des flux.

9.1.3. Les auxiliaires de transport

Le commissionnaire de transport se substitue aux sous-traitants du transport. Il dépend de la commission de transport qui est l'une des composantes de la logistique au niveau de l'organisation du transport de marchandises.

Le commissionnaire de transport s'engage vis-à-vis de son client sur le résultat: il assume la responsabilité et s'astreint à une obligation de résultat. L'activité de commissionnaire de transport se différencie de celui de transitaire sur ce point.

Le transitaire n'est soumis qu'à une obligation de moyens et non de résultat. Le transitaire est propriétaire de ses moyens, alors que le commissionnaire de transport sous-traite les moyens qu'il va utiliser pour organiser le transport de son client. L'organisateur de transport représente la commission de transport qui regroupe une variété importante d'activités.

En effet, cet ensemble compte des spécialistes par type de produits (denrées périssables, produits dangereux, produits délicats, etc.) et des spécialistes par mode de transport.

9.1.4. Les sociétés de conseil

Le nombre de sociétés de conseil en logistique s'est accru avec le commerce électronique et la gestion informatisée des commandes et des flux. Par ailleurs, la fonction logistique est de plus en plus externalisée surtout dans l'industrie, ce qui explique le développement des sociétés de conseil. Il peut s'agir de petites structures spécialisées ou de grands cabinets conseil qui ont un département dédié. Par ailleurs, un certain nombre d'éditeurs de logiciels ont une activité de consulting.

9.1.5. Les transporteurs

Les transporteurs gèrent les moyens de transport (conteneurs, caisses mobiles, wagons, remorques, etc.). Chaque mode de transport a un fonctionnement propre, mais tous reposent sur une logique identique, celle de gérer des moyens de satisfaire le client final au juste prix, dans le délai imparti et sans avarie. Cette logique implique une approche centrée sur les moyens de transport bien plus que sur les marchandises transportées.

A titre d'exemple, il s'agit pour un transporteur maritime de gérer un parc de plusieurs milliers de conteneurs qui peuvent se trouver répartis dans le monde, soit sur un dépôt en attente de livraison, soit sur un atelier de réparation, soit encore sur un terminal en attente de chargement. Il s'agit également de répondre à la demande urgente d'un client qui souhaite bénéficier de containers pour préparer et conditionner son fret. Ce raisonnement est le même pour tout type de matériel utilisé par les transporteurs (avion, navire, remorque routière, wagon, péniche...).

9.2. Système logistique et ses opérations

9.2.1. Territoire de la logistique

Si nous appelons territoire de la logistique le domaine d'activité sur lequel s'exerce son influence, ce qui va au-delà de son champ d'action propre. Nous pouvons observer que ce territoire peut être étudié sur trois niveaux:

- Les opérations, ou missions élémentaires du processus logistiques;
- Les sous-systèmes d'organisation: approvisionnement, production, distribution soutien après-vente, etc.
- Le niveau de système logistique intégré, qui propose une prise en charge unique, de la conception du produit à son soutien après-vente.

Ces trois niveaux peuvent encore se dire:

- La logistique est une réalité physique;
- La logistique est un système d'organisation;
- La logistique est un outil de compétitivité.

9.2.1.1. Opérations élémentaires du processus logistique

La logistique demeure évoquée de façon parcellisée comme une succession de fonctions élémentaires concourant tantôt au processus de soutien du marketing, tantôt à celui de la production.

Ballou propose un classement en opération de base et activités de support suivant une logique de polarisation des préoccupations vers l'objectif du service au commerce.

De manière classique, les opérations logistiques élémentaires sont: le stockage, la manutention, l'emballage de protection, le transport de marchandises, le contrôle des stocks, le traitement des ordres, le flux d'information, les prévisions de marché, et le niveau de services offerts aux clients.

À ces opérations élémentaires, d'autres ont été rajouté pour élargir son champ, à savoir: l'implantation géographique des usines et entrepôts, achats et/ou approvisionnement, et ordonnancement.

Claude Chriqui a éclaté la distribution physique (prise u sens large) en ses composantes et distingue six éléments:

- **Activités liées au transport**: gestion de la flotte de transport, personnel, et programmes de livraisons;
- **Manutention**: déchargement des marchandises reçues, consolidation des commandes, et chargement:

- **Entreposage**: localisation des entrepôts, et localisation des produits dans les entrepôts:
- **Stocks**: politique de commandes; et intérêts, taxes et assurances;
- **Traitement de l'information**: statut des commandes, des livraisons; et mesures de rendement de la distribution physique;
- **Gestion de la distribution physique**: application des stratégies de l'entreprise; et activités tactiques et de contrôle de la distribution physique.

De plus, il suggère une analyse de coûts de chaque composante pour établir un tableau de bord permettant d'en contrôler la performance économique.

Tableau n° 1: Processus logistique

Flux d'information	Fonctions	Flux de matières
↓	- Prévision - Traitement des commandes - Livraison produits finis de l'entrepôt au consommateur - Gestion des stocks de produits finis - Stockage entrepôt de distribution - Transport de l'usine à l'entrepôt - Conditionnement emballage - Programme de fabrication - Stockage usine - Contrôle matières premières - Stockage matières premières - Transport matières premières - Gestion des stocks matières premières - Achats.	↑

Source: Tixier D, Mathe H, et Colin J., (2014)

James Heskett a appliqué une nouvelle logique analytique en orientant résolument la réflexion vers une vision dynamique de la logistique établie à partir d'une représentation de l'entreprise par les flux qui la traversent (voir tableau n°1). Il soutient le concept de «processus logistique» défini comme englobant les activités qui maitrisent les flux de produits, la coordination des ressources et des débouchés en réalisant un niveau de service donné au moindre coût.

9.2.1.2. Sous-systèmes d'organisation

C'est une approche classique qui propose un regroupement des opérations logistiques en trois zones de responsabilités pouvant faire l'objet d'un pilotage distinct:

- **L'amont**: programmation des achats et approvisionnement des unités de production, transport et stockage:
- **Le site de l'entreprise**: planification et ordonnancement de la production, circulation des produits en coures, approvisionnement des postes de travail;
- **L'aval**: distribution physique et soutien après-vente, acheminement des produits finis jusqu'aux clients et suivi jusqu'à leur intégration dans les flux de ces derniers.

9.2.1.3. Système logistique global

L'idéal dans cette approche est la disparition de tous les sur-stockages et de tous les coûts de rupture occasionnés par des éléments disparates tout au long du canal qui va des sources de matières premières jusqu'au client final, en suivant les approvisionnements et la distribution, et en passant à travers le complexe de production.

Donald Bowersox définit les règles de la gestion du système logistique par l'énoncé de trois objectifs complémentaires:

- Prévision de la demande, détermination des besoins en mouvements et stockage;
- Élaboration des plans de coordination et d'intégration de l'ensemble des opérations logistiques, de l'approvisionnement des matières à la livraison au client final;
- Réconciliation des différences existant entre des conditions de déplacement distinctes.

9.2.2. Différentes modalités d'analyse

Une seconde dimension apparait dès lors que l'on considère non plus le territoire, mais les modalités de l'analyse des différentes configurations de la problématique logistique. On peut distinguer ainsi quatre types d'analyse:

9.2.2.1. Analyse des structures physiques, éclairage purement technique

L'approche technique, par les structures physiques concerne les caractéristiques des matériels de transport, les concepts de manutention et de stockage dynamique, les méthodes de conditionnement, l'analyse du réseau logistique en tant que structure physique: distance entre les points de livraison sur une tournée, capacité de stockage par entrepôt, etc.

9.2.2.2. Analyse des instruments adoptés pour assurer la conduite et le contrôle des opérations quotidiennes

Il s'agit d'une approche par les méthodes de gestion qui consiste à comprendre les méthodes adoptées pour assurer la conduite et le contrôle de opérations quotidiennes. Exemple: procédures de traitement de commandes, ordonnancement des tournées de livraison, modèles économique des stocks et de déclenchement des réapprovisionnements, etc.

Cette approche est dominée par le souci d'améliorer la productivité. Parmi les outils privilégiés autorisant ces efforts, l'informatique de gestion et l'optimisation économique ainsi que la télématique figurent en toutes premières positions.

9.2.2.3. Analyse et action sur la politique et les structures de l'organisation

Il s'agit d'une approche en termes de management qui permet de mieux situer l'approche logistique en termes de management. **Pierre Tabatoni** et **Pierre Jamiou** rappellent que la conduite managériale de l'entreprise s'effectue au travers d'un système de gestion constitué en trois sous-systèmes fondamentaux: finalisation, organisation, et animation.

Hesket propose une hiérarchisation des décisions logistiques et distingue d'une part le niveau de participation des responsables de la fonction logistique dans les décisions, et d'autre part, le degré et la durée d'impact des décisions stratégiques sur l'activité logistique.

Tableau n° 2: Processus logistique

Degré de participation des responsables de la fonction logistique	Natures des décisions	Degré et durée d'impact des décisions stratégiques sur l'activité logistique
	- Localiser une nouvelle usine - Définir les standards de service à la clientèle - Changer la structure des prix par zones géographiques - Redistribuer entre usines les fabrications de produits - Redéfinir les territoires de ventes - Négocier des contrats d'achat à long terme avec les fournisseurs importants - Introduire une nouvelle ligne de produits - Réorganiser les procédures de gestion des stocks - Réorganiser les procédures de traitement des commandes - Choisir un mode de transport - Localiser un entrepôt	

Source: Tixier D, Mathe H, et Colin J., (2014)

9.3. Innovation en logistique

L'innovation est considérée depuis quelques décennies comme indispensable pour «survivre» dans tous les secteurs d'activités. L'idée générale est qu'une entreprise innovante (qui produit et/ou adopte de la nouveauté, qui se renouvelle et/ou renouvelle son offre, voire son système d'offre) réussit mieux qu'une entreprise qui ne l'est pas.

Pour les entreprises, l'enjeu est de répondre à deux questions: comment innover? pour aboutir à quelle(s) innovation(s)? La première renvoie au processus d'innovation, la seconde au résultat de ce processus.

Concernant le résultat, la priorité est souvent donnée à ce qui est «visible» par le client et auquel il peut accorder une valeur. Les entreprises recherchent donc prioritairement des innovations en matière de produits (quels nouveaux produits proposer aux clients?), en matière de services associés aux produits (ex: de nouvelles manières de distribuer le produit ou de rendre le service après-vente), en matière de couple produit-service (ex: concevoir un nouveau produit dont la maintenance est facilitée), voire en matière de services en tant que tels (ex: passer de la vente d'un produit à la vente de son usage).

Mais l'innovation porte aussi sur ce que le client ne voit généralement pas: la manière de concevoir, de produire, de rendre disponibles les produits et les services, ce qu'on appelle des innovations de procédé ou de processus. Ce type d'innovation s'accompagne souvent d'innovations organisationnelles qui permettent d'être plus efficace et/ou efficient et/ou plus soutenable.

Ces innovations, le plus souvent «invisibles» pour le client, ont néanmoins des retombées sur les produits et/ou services (via par exemple leur impact sur le coût de production, la flexibilité ou la réactivité du processus), ainsi que des retombées sociales et sociétales.

Concernant le processus, compte tenu du fait que les entreprises sont insérées dans des supply chains *(SCs)*, que leur activité dépend de celle des autres membres de ces chaînes (sauf pour les entreprises qui sont totalement intégrées verticalement), l'innovation, quel que soit le type d'innovation recherché, ne peut plus se penser à l'échelle d'une seule entreprise, mais au niveau des *SCs*. La condition de réussite d'une innovation quelle qu'elle soit, est qu'elle s'insère dans le système d'offre délivrée *par la SC*. C'est encore plus vrai pour les innovations en logistique et SCM puisque les activités et processus logistiques, de même que le SCM, sont transverses, tant au niveau intra-organisationnel, qu'inter-organisationnel.

En adoptant une approche par les processus, les innovations *en logistique et SCM* peuvent être étudiées selon quatre catégories interdépendantes.

- La première concerne l'output vis-à-vis des clients, notamment les *innovations de services logistiques* (qui rétroagissent parfois sur les produits concernés par ces services).
- La deuxième concerne les innovations de *réalisation* (d'exécution) et sont relatives à la manière de prendre en charge et de faire circuler les flux au sein des SCs.
- La troisième catégorie, intimement liée à la précédente, concerne les innovations en matière de *support* (soutien) au processus d'exécution, notamment pour s'assurer de la disponibilité, fiabilité et des performances des ressources nécessaires à la réalisation du service logistique, en cohérence avec l'output attendu.
- La dernière catégorie concerne les innovations en matière de *pilotage*, qui renouvellent la manière de piloter le processus logistique et les flux au sein des *SCs*. Elle renvoie plus aux systèmes d'information, de traçabilité, de mesure de performance, aux systèmes de prévision, voire de prédiction et, plus largement, d'aide à la décision en matière de logistique et de SCM.

Une approche rétrospective dans le domaine de la logistique et du SCM permet de constater que l'innovation y a été permanente et ce depuis toujours. De nombreux facteurs poussent en effet les entreprises et les organisations à innover (au sens défini ci-dessus): l'adoption de nouveaux outils ou de nouvelles technologies (qu'ils soient logistiques ou pas), la volonté de réduire les coûts ou d'améliorer les niveaux de services, la concurrence, la pression des clients ou de parties prenantes extérieures aux *SCs*, les exigences de développement durable, etc.

Cependant, alors que jusque dans les années 2000, le processus d'innovation pouvait être qualifié de «chemin faisant», plus émergent que délibéré, l'innovation en logistique et SCM est actuellement plus systématiquement et délibérément recherchée dans certaines *SCs*. C'est néanmoins un processus incertain, risqué, dont les bénéfices sont difficiles à anticiper, et qui procure un avantage concurrentiel qui n'est parfois que de courte durée.

9.4. Diagnostics logistiques de l'Entreprise

Le diagnostic logistique de l'entreprise a pour but de produire les éléments objectifs permettant aux responsables impliqués dans l'évolution des opérations de reformuler, ou d'améliorer, le plan stratégique puis le système de gestion de celle-ci, de manière à profiter au mieux des opportunités offertes par la logistique.

Le diagnostic logistique possède un volet stratégique et vise alors à alimenter la prise de décisions de direction générale concernant de très nombreux sujets critiques tels que: l'élargissement de la gamme de produits, les canaux de distribution, la sous-traitance industrielle comme de service, le développement international parmi bien d'autres.

Le volet opérationnel du diagnostic logistique est encore plus couramment mené à bien tant les questions concrètes de transport, de manutentions ou de maintenance appellent des réponses élaborées. En fait, nous militons pour que les deux aspects stratégiques et opérationnels soient toujours traités simultanément de manière à assurer que les actions du court terme servent bien les intérêts de l'entreprise dans sa projection à plus long terme.

En effet, une conception stratégique devrait se traduire, pour l'entreprise industrielle et commerciale, par des éléments précis, souvent évoqués dans la littérature «managériale»:

Des décisions concernant le long terme: «la stratégie est la détermination des buts et objectifs à long terme». Cela suppose aujourd'hui beaucoup de flexibilité dans les applications et requiert l'élaboration de scénarios multiples, adaptables aux différentes formes d'évolution possible du contexte. Il reste qu'une ligne directrice claire s'affirme toujours nécessaire;

Des décisions destinées à améliorer la rentabilité: «la stratégie est le choix des options fondamentales concernant l'insertion optimum de l'entreprise dans le milieu économique pour assurer sa survie, son développement et sa prospérité»;

Des décisions destinées à procurer un avantage compétitif sur les concurrents: «une stratégie d'entreprise est un plan d'utilisation et d'allocation des ressources disponibles, dans le but de modifier l'équilibre concurrentiel et de le stabiliser à l'avantage de l'entreprise».

Pour formuler leurs stratégies, les entreprises ont élaboré très souvent, avec l'aide de leurs conseillers, de nombreuses méthodologies d'analyse, d'évaluation et de simulation dont certaines ont connu de très vifs succès.

Afin de contribuer à structurer la pensée pour une démarche de diagnostic logistique d'ensemble, une trame composée de trois mouvements est présentée ci-dessous:

Figure n° 2: Schéma général du diagnostic logistique d'entreprise

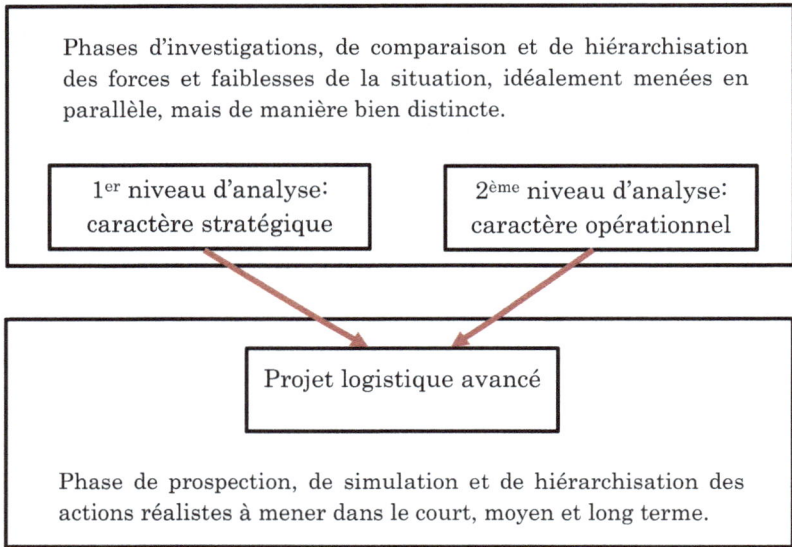

Phases d'investigations, de comparaison et de hiérarchisation des forces et faiblesses de la situation, idéalement menées en parallèle, mais de manière bien distincte.

1er niveau d'analyse: caractère stratégique

2ème niveau d'analyse: caractère opérationnel

Projet logistique avancé

Phase de prospection, de simulation et de hiérarchisation des actions réalistes à mener dans le court, moyen et long terme.

Source: Tixier D, Mathe H, et Colin J., (2014).

- **Analyse à caractère stratégique**: évaluation de l'enjeu représenté par la logistique en fonction des situations passé, actuelle et future de l'entreprise;
- **Analyse à caractère opérationnel**: reconnaissance des principales vulnérabilités et du stade de maturité propres à la dynamique logistique en place;
- **Première schématisation du projet de gestion logistique avancé**, définition du système de valeurs, hiérarchisation de l'ensemble des problèmes à traiter, répertoire des constituants généraux et cadre organisationnel.

9.4.1. Analyse stratégique ou évaluation des enjeux

Cette première analyse doit être réalisée en ignorant les limites de l'organisation en place, afin d'évaluer la nature de l'enjeu sans présumer de l'importance de l'investissement. Il s'agit ici de conjuguer plusieurs modules d'observations:

9.4.1.1. Evaluation de l'entreprise dans son environnement

Identifier l'entité est sans doute l'acte le plus élémentaire du diagnostic; il est destiné à apprécier sous les éclairages «historique», «photographique» et «prospectif» les caractéristiques de l'entreprise.

Il convient d'appréhender tous les éléments nécessaires à la compréhension de l'évolution du secteur d'activité et des marchés dans lesquels la firme intervient (voir tableau n°3). L'existence d'opportunités d'environnement, telles que l'avènement de nouvelles technologies de produit ou de processus, la consolidation de potentiels compétents de sous-traitance, l'évolution des cadres réglementaires concernés, etc., doit être clairement soulevée. De tels changements du cadre d'emploi de la fonction logistique entrainent généralement un besoin pour une mutation profonde de ses structures, voire de sa mission.

Depuis le début des années 90 il est apparu très nettement dans de nombreuses industries que la notion de produit tendait à se modifier profondément. L'importance nouvelle de l'ensemble des prestations de service au client, complétée par l'obligation pour l'industriel de gérer la totalité de la vie technique des produits de manière notamment à permettre le recyclage des matières en vue de contribuer à protéger l'environnement ont révolutionné les règles du jeu.

Tableau n° 3: Grille d'analyse générale de l'entreprise dans son secteur

Données économiques de base	Produit: marché et distribution	Technologie, production et logistique
- Revenu type en année de démarrage - Revenu type en année de croisière - Évolution des investissements	- Taille du marché et évolution - Structure de la profession et évolution des attentes	- Rythme de l'innovation technologique dans le secteur aux niveaux produit et processus - Qualification de la chaine de production

		de valeur dans le secteur
- Rentabilité brute des fonds permanents - Structure du capital - Évolution des effectifs tant quantitativement que qualitativement	- Circuit et canaux de distribution - Force de vente et chaines décideurs, prescripteurs - Dépendance environnement - Tendance d'évolution des produites et du service-client	- Niveau d'investissement et de sophistication technologique au niveau des différentes phases du processus dans le secteur - Niveau de dépendance logistique - Évolution des rythmes et des contraintes d'approvisionnement, de production et de distribution physique

9.4.1.2. Exploration de la concurrence et du potentiel de sous-traitance

Evaluer les résultats logistiques obtenus par la concurrence (exploration de l'environnement), particulièrement en termes de coûts globaux et de niveau de service offert à la clientèle, constitue le second sujet d'attention.

Les fournisseurs ne doivent pas échapper au champ de l'observation. On distingue les sous-traitants industriels, d'une part, auxquels il est fait appel dans le cadre du processus de production et les sous-traitants prestataires de service logistique, d'autre part. dans tous les cas, il s'agit de mesurer la qualité du service rendu, ainsi que les coûts directs ou induits supportés de manière à définir la marge de négociation permettant d'élever le niveau de performance logistique offert.

Dans ce domaine, la mise en œuvre des logiques de production en «JAT» a conduit à rapprocher les fournisseurs de leurs donneurs d'ordre, tout au moins au niveau de leurs outils de programmation et de gestion. Alors que le choix de sous-traitants industriels s'effectuait jadis sur la base du rapport «qualité-prix» des offres proposées, il semble largement dominé aujourd'hui par l'évaluation des capacités à connecter les systèmes informatiques les uns aux autres pour permettre une gestion automatisée des approvisionnements. De plus, la responsabilité de la qualité totale incombe maintenant à l'ensemble des intervenants de la chaine obligeant désormais les sous-traitants à garantir de très hauts niveaux de conformité technique des productions.

Il importe donc de caractériser de manière logistique l'environnement direct en termes de plage possible de sous-traitance étant donné le type de produit et de métier ainsi que de la configuration spécifique de l'entreprise.

9.4.1.3. Positionnement optimal de la logistique dans l'élaboration des stratégies

La question du positionnement optimal de la logistique dans l'élaboration des stratégies est au centre de la démarche conceptuelle de Heskett qui la justifie par l'énoncé de cet axiome: «les considérations logistiques pèseront de plus en plus lord dans les stratégies conçues pour améliorer la qualité des profits».

L'esquisse d'une «logistique cible» constitue le prolongement naturel de cet essai informel de la valorisation. Pour cela, il ne suffit pas d'élaborer un modèle général normé, il convient plutôt d'établir une sorte de table de toutes les situations logistiques auxquelles l'entreprise est susceptible d'être confrontée, puis de prédéterminer une voie d'action souhaitable pour chaque situation et par niveau de décision.

- **Politique de produits**: quelles sont les influences réciproques des choix logistiques et des stratégies et industrielles? comment faire évoluer les produits en fonction des coûts logistiques qu'ils engendrent? (Approvisionnement des matières, processus de fabrication, distribution physique, maintenance, politique des stocks et de niveau de réponse à la demande du marché).
- **Politique de l'espace et structures physiques de l'entreprise**: redéfinition du réseau propre au système logistique; localisation et dimensionnement des unités de distribution, de stockage, de production, d'approvisionnement.
- **Politique de sous-traitance**: étendue de la délégation des opérations de transport, manutention, stockage, soutien après-vente, conditionnement…; critères de choix des prestataires; instrumentation du contrôle et du

maintien de la maitrise de la manœuvre logistique. L'important volet de la sous-traitance industrielle fait l'objet d'un travail spécifique, mené en parallèle, et dont les résultats sont agrégés à ceux obtenus dans le cadre du diagnostic logistique.

- **Politique d'organisation**: définition de la fonction logistique en harmonie avec les autres fonctions de l'entreprise, sous forme de structure administrative et de système de coordination. Évaluer des possibilités d'alliance entre plusieurs entités, indépendantes ou filiales d'un même groupe, en vue d'assurer conjointement tout ou partie des opérations logistiques (création de filiales ou de groupements d'intérêts économic).

Cette phase d'analyse permet de proposer des objectifs pour l'entreprise en matière de performance logistique, et par là même, de fournir des éléments d'arbitrage propres à mieux gérer les relations de pouvoir touchant à la conduite stratégique de la démarche logistique.

9.4.2. Analyse opérationnelle ou hiérarchisation des vulnérabilités

L'ensemble des chefs d'entreprise s'accorde sur la prépondérance de l'effort d'organisation dans la démarche logistique de l'entreprise. C'est un domaine dans lequel les potentialités de rationalisation, donc d'accroissement de la rentabilité, sont particulièrement importantes, nombreuses et variées et cela de manière permanente.

Le thème de l'analyse opérationnelle ou recherche de hiérarchisation des vulnérabilités de la dynamique logistique en place appelle trois types de réflexion:

- Les objectifs de cette phase de travail sont précis et bien complémentaires de ceux propres à l'analyse stratégique;
- L'intelligence particulière propre à chaque organisation logistique doit être clairement assimilée;
- La reconnaissance de la source des problèmes représente un produit de l'analyse bien plus riche que le seul énoncé de ceux-ci.

9.4.2.1. Objectifs de l'analyse

Abordée dans le cadre d'une vision nécessairement dynamique et globale de l'entreprise, l'analyse de l'existant ou prise en compte de la situation interne comporte cinq objectifs majeurs.

- Dépasser le champ des problèmes d'organisation logistique pour les replacer dans l'ensemble des préoccupations opérationnelles, afin de s'assurer que l'on peut véritablement attendre de la redéfinition du mode de pilotage des flux un avantage compétitif.
- Dégager les caractères dominants de la configuration, du statut et du niveau de maturité de la démarche logistique telle qu'elle est vécue dans l'entreprise.
- Cerner les principaux points fort et points faibles dans les modalités de la réalisation de la mission, tant en matière de performances obtenues et de méthodes adoptées que d'objectifs recherchés.
- Localiser les origines et la portée complète des vulnérabilités majeures; reconnaitre les causes d'insuffisance, les freins au changement, mais également les éléments moteurs.
- Identifier les conditions de résolution des problèmes et d'enrichissement de la démarche qui se montrent compatibles avec les conditions de mise en œuvre d'un processus de changement dans l'entreprise.

9.4.2.2. L'intelligence particulière de l'organisation logistique

Si la stratégie logistique peut s'entendre quelquefois comme une vision particulière de la stratégie générale de l'entreprise, certainement partial et volontairement focalisée sur un domaine d'activité donné, il en sera de même pour l'organisation logistique qui possède certainement une intelligence spécifique.

Ainsi, bâtir un département logistique dans l'entreprise n'apparait pas nécessairement comme la finalité essentielle d'un effort d'organisation logistique. L'originalité de l'analyse d'organisation logistique réside essentiellement dans son principe directeur et dans la spécificité de son territoire d'application.

Dans son principe directeur: la démarche est dominée par la double préoccupation de la fluidité des matières et produits dans le système par une recherche de maitrise de contraintes spatio-temporelles et de l'optimisation du rapport coûts-avantages.

Dans son territoire d'application: le diagnostic d'organisation logistique éclaire, d'une lumière sélective n'émettant en évidence qu'un aspect seulement de l'activité, trois sous-systèmes fondamentaux de l'entreprise: approvisionnements-achats, planification-programmation et régulation de la production, distribution physique et service au client. Les règles, les hommes et les mythes propres aux professions rencontrées requièrent l'usage d'outils d'analyse directement adaptés.

D'une manière générale, l'intervention sur l'organisation est motivée soit par la modification du contexte économique et social dans lequel évolue l'entreprise, soit par la dégradation avec le temps, de ses structures, de ses procédures, voire de sa vitalité. L'entreprise peut subir de réelles agressions telles que:

- Déséquilibre économique brutal;
- Reconversion technique profonde;
- Aggravation soudaine des tensions sociales;
- Changements radicaux de structures ou de pouvoirs…

9.4.2.3. Recherche l'origine des problèmes

La fonction logistique demeure encore quelquefois absente, au moins sous forme d'entité administrative cohérente dans les organigrammes traditionnels. Cela induit que la réponse logistique apportée, a des fortes chances d'être morcelée dans la mesure où les responsabilités sont distribuées entre plusieurs services et directions.

Toutefois, du fait de leur nécessaire interconnexion, les opérations élémentaires se voient agrégées, fonctionnellement et pratiquement, en sous-systèmes distincts, pourvu chacun de structures et d'ensembles de modalités de travail, en place et en devenir, tels que:

- Des structures physiques: entrepôts, usines, camions, cartes…
- Des structures d'organisation: organigrammes, procédures, chartes…
- Des outils de gestion, tableaux de bord, planification, budget…

9.4.3. Plan d'action et élaboration du projet logistique

Désormais, il appartient à la direction de l'entreprise de confronter les résultats de deux phases d'analyses décrites, puis d'établir une esquisse du jeu des orientations à adopter, conciliables avec les conditions de réalisation d'une mutation dans l'organisation logistique et les structures en place, en vue de tendre vers une sorte de «modèle idéal».

Toutefois, il ne serait pas honnête de vouloir prôner, dans ce domaine comme sur n'importe quel terrain d'application du management, une approche universelle, sorte de recette miracle pour la conduite de la démarche logistique garantissant la concrétisation de tous les avantages escomptés.

Aussi peut-on simplement chercher à ébaucher sur la base de l'ensemble des observations effectuées un canevas logistique comprenant trois volets d'explication d'un projet propre à la fonction logistique:

- La définition des bases stratégiques sur lesquelles le plan d'action pourra être dressé;
- L'établissement d'un jeu d'objectifs réalistes de performance logistique servant d'éléments d'arbitrage;
- La formulation des relais organisationnels autorisant la traduction de ces directions stratégiques et de ces ambitions économiques en actions concrètes.

9.4.3.1. Les bases du projet logistique d'entreprise

L'élaboration des bases du projet logistique passe par une série d'étapes de travail comprenant notamment:

- La hiérarchisation des différents types de décision logistiques, en fonction de leurs poids relatifs dans l'évolution de la firme;
- L'établissement de la liste des interfaces relationnelles à «gérer» dans le cadre de la mission logistique;
- L'élaboration d'un ensemble d'objectifs complémentaires et compatibles entre eux, ainsi que la programmation dans le temps de leur acquisition et de leur adaptation à la maturation du concept logistique dans l'entreprise.

Les politiques logistiques sont ainsi abordées comme des ensembles plus ou moins complexes d'arbitrages façonnant des stratégies de soutien opérationnel à l'activité principale de l'entreprise. En fonction de leurs portées, les décisions qui les concernent sont prises à différents niveaux de la hiérarchie.

9.4.3.2. Elaboration d'un ensemble d'arbitrages

La logistique peut être appelée à occupe une place prépondérante dans la politique de «produits» en agissant dans le sens de la standardisation des composants élémentaires et sous-ensembles, de la conception par canal avec adaptation à la clientèle au stade ultime de la distribution, de la recherche d'une performance technique optimale tenant compte des coûts prévisionnels du soutien nécessaire imposé après la commercialisation, particulièrement déterminant dans les industries électroniques et aéronautiques par exemple.

La progression du niveau d'intégration des activités constitutives du système logistique: achat, distribution physique, ordonnancement de production, maintenance de l'outil, distribution physique et support après-vente reflète en partie l'évolution dans le processus de manutention du concept au sein de la «culture» propre à l'entreprise. Le renforcement de la sous-traitance apparait bien visible dans les stratégies logistiques développées par les entreprises capables de faire appliquer par leurs partenaires amont et aval les modes de pilotage et de contrôle des opérations qu'elles ont initialement élaborées pour leurs activités internes.

En général, les entreprises retiennent trois critères dominants lorsqu'elles cherchent à qualifier la performance logistique:

- Le niveau du service offert au consommateur;
- Le niveau de productivité des opérations logistiques;
- Le niveau de rentabilité du capital investi en stockage et transport.

C'est autour de ces trois axes que sont établis la plupart des «systèmes de performances logistiques» observés.

9.4.3.3. Formulation des composantes du système de gestion logistique

Le prolongement de la politique logistique et sa matérialisation en termes de système de gestion associent nécessairement les cellules opérationnelles: service transport, magasin de stockage, section entretien, etc.

L'objectif consiste ici à bâtir et faire vivre en système optimalisé d'intégration autorisant une planification opérationnelle à plusieurs niveaux, ainsi que le contrôle de l'ensemble des activités du processus logistique.

Le système d'information apparait comme l'instrument privilégié au confère à l'entreprise, par le biais de sa logistique, un pouvoir d'intervention sur son espace. La composition d'un système d'animation autour d'objectifs de performance, d'élaboration et de suivi budgétaire rend bien souvent possible une élévation significative de la productivité logistique.

On peut retenir que les décisions autorisant la conduite stratégique et opérationnelle de la mission logistique peuvent être regroupées et hiérarchisées selon deux volets d'attention.

a) Les décisions de politiques logistiques

- Etablissement des valeurs sur la base d'un jeu de performance;
- Intégration de la dimension logistique dans le plan stratégique de l'entreprise;
- Définition du statut de la logistique, action sur les produits, niveau d'intégration des fonctions, politique de sous-traitance;
- Finalisation ou formulation du plan logistique.

b) Les décisions de gestion logistique

- Planification et programmation des opérations;
- Organisation et structuration du réseau physique de l'entreprise;
- Circulation des informations liées aux flux physiques;
- Contrôle et animation des personnels concernés.

9.5. Identifications des facteurs de compétitivité

Parmi les facteurs fondateurs des orientations politiques de l'entreprise, le souci de la compétitivité occupe une position tout à fait centrale. Il en va de même pour les nations contemporaines qui placent la compétitivité industrielle au rang des priorités majeures au même titre que l'indépendance nationale. La capacité de défense ou le développement du patrimoine culturel.

La compétitivité d'un pays résulte de la conjonction de ses ressources intrinsèques et des positions culturelles de ses entreprises. L'essence de la politique économique sera de gérer les mécanismes d'allocation de ressources entre domaines d'activités et entre entreprises.

L'innovation technologique ou l'investissement en automatisation génèrent de la compétitivité pour l'entreprise, à condition toutefois d'être concentrés sur des segments d'activités considérés comme stratégiques.

Le segment d'activité se présente, en quelque sorte, comme le niveau élémentaire d'analyse sur lequel on peut mesurer la compétitivité d'une organisation.

Partant de l'hypothèse que la fonction logistique peut être un segment générateur d'avantages concurrentiels permettant d'accroitre, voire de conditionner, la compétitivité d'une activité ou d'un secteur, nous avons souhaité mettre en évidence les trois éléments observés comme dominants.

L'avantage de «service offert» au consommateur: il s'agit d'une composante essentielle de l'offre globale de l'entreprise face à son marché, d'autant plus importante si ce dernier s'avère en récession ou très concurrentiel.

L'avantage de «productivité directe»: l'objectif est alors d'opérer la manœuvre logistique à un coût complet plus bas, de manière à affronter la concurrence en offrant un prix de revient des produits inférieurs.

L'avantage en termes de «rentabilité des capitaux engagés»: la capacité à entrer, et à demeurer en concurrence résulte souvent de la justesse des choix d'investissements, d'où l'intérêt de mettre en œuvre des politiques financières rigoureuses dans le domaine logistique.

Pour chacune de ces trois dimensions, il est possible de développer une échelle de mesure de la performance obtenue. La composition des trois échelles offre un sort de système d'évaluation du profil logistique de l'entreprise.

9.6. Formulation des politiques logistiques

L'élaboration d'une politique logistique, lorsqu'elle est explicite résulte généralement d'une réflexion basée sur l'objectif d'atteindre un certain niveau de «performance».

Faisant chacune l'objet d'une attention plus ou moins soutenue des trois dimensions: service, productivité et rentabilité financière. Elles déterminent l'espace dans lequel se trouve virtuellement inscrite la performance logistique comme «système d'objectifs».

Ainsi abordé, le système d'objectifs du projet logistique représente la base d'un code de gestion des tensions existant aux interfaces de négociations entre les différents acteurs à l'intérieur comme à l'extérieur à l'entreprise.

Partant d'l'hypothèse qu'il est possible d'associer un niveau de performance à une configuration politique donnée, l'étude de la formulation des politiques logistiques s'articule en trois étapes:

-   Etablissement du système d'objectifs permettant la gestion des interfaces de négociation: premier volet du projet logistique;
-   Positionnement de l'option politique au sein d'une typologie de comportements logistiques;
-   Définition du système de finalisation comme second volet du projet logistique.

9.7. Programmation des opérations et flexibilité

Le système de gestion logistique peut être élaboré à partir d'une structure d'objectifs, établie sur la base d'un système de valeurs privilégiant tel ou tel dosage des facteurs de compétitivité.

Un système de gestion représente en quelque sorte un ensemble de règles formalisées autorisant le passage au stade concret et opérationnel au jour le jour d'une stratégie d'entreprise. Cet outil essentiel pour la conduite de toute opération e compose en premier lieu d'une planification hiérarchisée de l'activité logistique.

Russell Ackoff définit la planification comme un processus de prise de décision par anticipation permettant d'atteindre un résultat préalablement qualifié, e agissant sur un ensemble complexe de mécanismes indépendants.

Sans les opposer, le volet «stratégique» et le volet «opérationnel» doivent être dissociés dans le cadre de l'élaboration du processus de planification:

-   La planification stratégique doit conduire à accroître la capacité ou l'aptitude de l'entreprise à s'adapter aux changements intervenant dans son environnement;
-   La planification opérationnelle consiste alors à améliorer la coordination, la communication et la motivation internes à l'entreprise en vue de tendre vers la réalisation de ses ambitions.

Il reste, enfin, un troisième niveau de planification qui se situe au plus près de l'activité quotidienne de l'entreprise, et qui détermine le déploiement optimum des ressources et moyens alloués au service de la demande immédiate.

Pour désigner cette étape particulière, on pourra retenir par convention, la terminologie de «planification logistique opérationnelle». Toutefois, l'élaboration du système de gestion du projet logistique renvoie successivement à chacun des trois stades de planification.

9.7.1. Planification stratégique et tactique du projet logistique

Parmi les premières expériences significatives en matière d'établissement de système de planification logistique, on retiendra le travail de **Bender, Northrup** et **Shapiro** mené avec succès au tout début des années 80 dans la firme américaine international Paper. La composition du modèle de planification mis en place illustre bien le souci d'une hiérarchisation opératoire des niveaux de gestion optimale des ressources de l'entreprise.

La planification stratégique: repose sur les prévisions à long terme de la demande, des coûts, des contraintes d'environnement et des limites de capacités de production. Le système génère les stratégies optimales en matière de marketing, de production et de financement.

La planification tactique intervient dans les limites temporelles variant de quelques mois à un an. Ce deuxième volet du modèle économique permet de formuler des objectifs cohérents de profil annuel par unité puis d'élaborer des ensembles de sous plans pour les services opérationnels: achat, fabrication, maintenance, transports…ces plans sont facilement révisables en cours d'année à mesure que se consolide l'historique de la demande réelle.

La planification dite opérationnelle gère l'allocation des commandes reçues entre les différentes unités de production, de manière à satisfaire concrètement les besoins immédiats. La distribution physique des produits finis bénéficie de l'apport d'un module livraisons et stocks. Cette approche intégrée de la gestion optimale des flux physiques correspond assez bien à ce que nous entendons ici par planification logistique opérationnel.

9.7.1.1. Planification stratégique ou programmation des changements

La planification stratégique du projet logistique représente généralement une démarche explicitant:

- Les changements à opérer au niveau de l'activité de l'entreprise: caractéristiques de l'offre, évolution des produits et de leurs procédés de fabrication, évolution de la politique de l'emploi des moyens logistiques, filialisation, sous-traitance…;
- Les changements à opérer au niveau des structures et des outils de gestion de l'entreprise: espace physique, nombre de localisations de productions et des stocks, constitution et étendue du système de planification logistique opérationnelle, cadre organisationnel, plan informatique, animation…

Si l'axe politique représente le guide général d'action décrivant le cadre dans lequel s'inscrit l'effort de changement la planification stratégique sert à l'étude des alternatives quant à l'allocation des ressources allouées au projet logistique. Elle débouche sur l'établissement d'un budget d'investissement (ou sur des décisions de désinvestissement, le cas échéant).

Les méthodes généralement employées s'appuient à la base sur la prévision de la demande future à long et moyen terme. La demande des produits industriels résulte d'une interaction complexe entre l'attrait du produit la saturation du marché, l'attitude du public face au problème de l'épargne les techniques de commercialisation plus ou moins efficaces adoptées par la compagnie et nombre d'autres facteurs.

Les trois techniques de prévision économique à long terme les plus courantes sont les suivantes:

- L'extrapolation de courbes de tendances dressées selon la nature d'une fonction mathématique classique (droite, exponentielle parabole…). Cette approche n'est en aucune manière réservé aux prévisions à long terme, elle s'applique tout aussi bien pour le court terme. Dans un premier temps, on effectue une analyse graphique et statistique de la série chronologique (valeurs passées), on étudie dans un deuxième temps la validité des prévisions à partir d'une connaissance qualitative du marché avant d'introduire des facteurs pratiques (courbe de vie du produit, obsolescence technique…).
- L'établissement d'un modèle explicatif sur la base d'une formule de prévision à partir d'hypothèses simplificatrices de comportement des différentes variables. Trois types de difficultés freinent l'utilisation des modèles explicatifs: l'identification des variables économiques

explicatives, le choix du modèle déterminant les relations mathématiques entre variables endogènes, et le calage de ce modèle, c'est-à-dire l'évaluation des valeurs de départ des paramètres.

- La consolidation et l'analyse d'un nombre significatif d'avis d'experts entrainant la prise en compte de variables qualitatives. En fait, de plus en plus fréquemment, la prévision économique mobilise à la fois calcul et sensibilité, la troisième approche venant confirmer ou questionner les résultats quantitatifs obtenus.

9.7.1.2. Les techniques au service de la planification tactique

La planification tactique s'appuie sur les techniques parfaitement connues des entreprises depuis de longues années:

- La direction participative par objectif:
- Le budget construit sur base zéro qui consiste à reformuler chaque année la justification de l'intégralité des demandes d'engagement des dépenses;
- La rationalisation des choix budgétaires qui vise à favoriser l'allocation optimale des ressources à tous les niveaux;
- La méthode PERT (technique d'évaluation et de révision des programmes).

9.7.2. Application de la planification logistique opérationnelle

Le système de planification des opérations logistiques peut recouvrir des réalités très distinctes d'une entreprise à l'autre, suivant les orientations adoptées en matière de politique logistique. Egalement, le type de produits fabriqués, le type de marchés desservis, la taille des firmes et surtout les enjeux en cause conditionnent les modalités de mise en place du système de planification opérationnelle.

En effet, les méthodes de régulation et de contrôle des flux physiques, le niveau de sophistication des algorithmes modélisant ce processus de coordination peuvent sensiblement différer.

9.7.2.1. Principe de planification logistique opérationnelle

La planification logistique opérationnelle (PLO) repose en principe sur l'enchaînement logique de quatre groupes d'actions qui impliquent chacune, l'engagement de la responsabilité des décideurs. En termes de méthode d'élaboration des modèles, le recours à l'outillage mathématique est très fréquent bien que cela ne s'avère pas toujours indispensable dans les cas des systèmes simples.

- Prévision de la demande à moyen et court terme avec suivi continu des commandes réalisées. Il s'agit d'estimer avec précision les besoins futurs en production et stocks ainsi qu'en transport et magasinage. Le suivi de la demande réelle autorise le réajustement des prévisions au plus tard. Cette opération représente la source, toujours réactualisée de la conciliation entre la demande immédiate et les capacités de réponse mises en place en fonction d'une anticipation des besoins.
- Ordonnancement centralisé des opérations logistiques élémentaires. L'objectif est alors de spécifier avec précision les différents actes logistiques dans le cadre d'un programme d'utilisation optimale des moyens au cours d'une période de temps donné de manière à satisfaire la demande avec le niveau de performance requis.
- Programmation des besoins en ressources. Le troisième maillon de planification logistique permet de déterminer le rythme optimum des approvisionnements de marchandises ou de mise à disposition de moyens humains, matériels ou d'informations, ainsi que les quantités économiques correspondantes.
- Contrôle de performance quant à l'exécution des opérations logistiques. Les données recueillies puis traitées dans le cadre du système de PLO alimentent d'une part la prise de décision de régulation au niveau opérationnel et d'autre part la redéfinition des objectifs à moyen terme au niveau fonctionnel.

9.7.2.2. Identification des domaines d'application observés

Dans l'entreprise industrielle, on peut distinguer trois stades successifs majeurs quant à l'analyse systémique de la mission logistique auxquels il est possible d'associer des systèmes de planification distincts et de complexité croissante:

- La planification de la logistique commerciale ou distribution physique
- La planification de production achats et distribution
- La planification du soutien logistique intégré des équipements complexes.

Chacune de ces configurations détermine naturellement des territoires d'intervention de plus en plus larges. Dans une certaine mesure elles demeurent associées aux options de politique logistique pour lesquelles la mise en œuvre d'un modèle de planification représente la première composante concrète du système de gestion.

Pour certaines entreprises, ces trois situations peuvent correspondre à trois paliers d'évolution de l'effort de rationalisation des flux logistiques. Ainsi après avoir intégré les premières visions, de nombreuses entreprises élargissent maintenant le concept de planification logistique opérationnelle de manière à consolider la liaison nécessaire entre le développement des produits nouveaux et la circulation physique.

9.7.3. De la distribution physique au soutien logistique intégré

9.7.3.1. Planification logistique de distribution physique

Le système de planification de la distribution physique s'entend comme une démarche de contrôle et régulation des flux qui assure l'unité de la manœuvre de logistique commerciale.

Limitée aux opérations administratives et physiques de circulation des produits finis, à partir du lieu de production jusqu'au consommateur final, la distribution physique représente la manœuvre logistique aval des sociétés industrielles ou la logistique globale des sociétés de distribution commerciale.

Le schéma de coordination constitué par la planification opérationnelle s'articule de manière plus ou moins explicite dans la réalité des entreprises autour de quatre étapes de traitement d'informations.

- Prévision de la demande à moyen et court termes et suivi continu des commandes réalisées
- Gestion des stocks de produits finis en distribution au niveau central ainsi qu'au niveau de l'entreposage régional (Modèle de Wilson)
- Ordonnancement des opérations de manutention et entreposage dans les magasins de distribution (PERT)
- Gestion optimale des moyens de transports.

9.7.3.2. Planification de production, achats et distribution ou gestion intégrée du système logistique

A l'origine de l'organisation scientifique du travail (OST), on observe précisément les premiers développements de la planification opérationnelle au sein des unités de production dans le cadre de la logistique industrielle.

Compris comme la gestion simultanée des fabrications et des stocks, le contrôle de production agit sur l'ensemble des phases de la logistique industrielle en cherchant à tirer le meilleur parti des ressources de l'entreprise: investissements, personnel, machines, matières premières…

De manière générale, le schéma de planification de la logistique industrielle s'articule autour de cinq phases de traitement d'informations.

- Prévision de la demande à moyen et court terme et suivi continu des commandes réalisées.
- Gestion des stocks de produits, produits semi-ouvrés, composantes et matières premières. Ce modèle doit également déterminer la planification de production à moyen terme.
- Ordonnancement des travaux de fabrication et de conditionnement. Cette opération peut être hebdomadaire, elle est suivie du lancement de séries de production qui s'effectue quotidiennement.
- Programmation des achats, continuité de l'effort de coordination qui doit conduire à l'expression précise des besoins en matières premières, composants et articles de conditionnement en déterminant notamment les rythmes de réapprovisionnement et le point de commande par référence et par catégorie.
- Ordonnancement des opérations de manutention, entreposage et transports dans le cadre d'une recherche d'optimisation de l'espace et des moyens disponibles.

Figure n° 3: Schéma de planification de la logistique intégrée

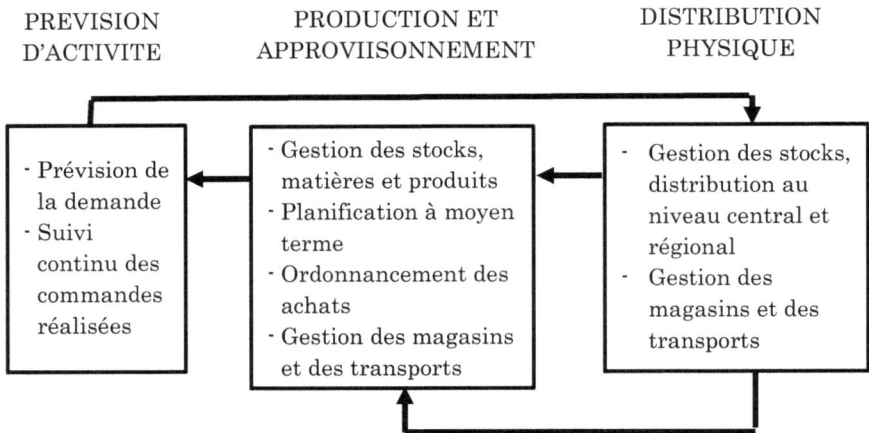

PREVISION   PRODUCTION ET   DISTRIBUTION
D'ACTIVITE   APPROVIISONNEMENT   PHYSIQUE

Prévision de la demande	Gestion des stocks, matières et produits	Gestion des stocks, distribution au niveau central et régional

- Prévision de la demande
- Suivi continu des commandes réalisées

- Gestion des stocks, matières et produits
- Planification à moyen terme
- Ordonnancement des achats
- Gestion des magasins et des transports

- Gestion des stocks, distribution au niveau central et régional
- Gestion des magasins et des transports

De même que pour la gestion des stocks, de nombreux systèmes d'ordonnancement et d'approvisionnent sont aujourd'hui fondés sur le principe de la gestion différenciée des articles d'après des critères de classement rendant compte de leur poids commercial et financier.

L'objectif est bien de réduire globalement la somme des coûts de production et des coûts d'immobilisation de valeur en stock en hiérarchisant les politiques de fabrication suivant les catégories de références.

L'application d'un tel système nécessite fréquemment un changement de mentalité au sein des unités de production, du fait de l'acceptation d'un certain niveau de risque de rupture sur les produits considérés comme de moindre importance.

9.7.3.3. Planification du soutien logistique intégré des équipements complexes

Spécifiquement conçue pour les biens d'équipement complexes la planification logistique d'un programme de développement comporte une dimension particulière au niveau de chacune des phases du cycle de vie programmé du produit:

- Recherche et développement
- Définition précise de l'offre;

- Production et distribution;
- Soutien opérationnel de l'exploitation;
- Destruction et remplacement.

9.8. Organisation logistique dans la structure de l'entreprise

Le système de planification des opérations logistiques constitue l'outil de contrôle, de régulation et de recherche d'optimisation des flux physiques. Il permet d'élaborer des enchainements cohérents de plans d'actions. Le système d'organisation autorise la concrétisation de ceux-ci par la répartition fonctionnelle des responsabilités entre les groupes d'individus.

La structure administrative figure au centre du dispositif d'organisation logistique, elle regroupe les activités suivant une logistique opératoire établie sur les bases suivantes:

- Relation de communications professionnelles, responsabilités individuelles;
- Allocation des ressources humaines matérielles et financières;
- Direction et contrôle.

L'effort de structuration donne normalement lieu à l'établissement de fiches de taches correspondant à chacune des fonctions à remplir, voire à chacun des postes de travail.

Dans le cadre de la conception du système de gestion logistique, il importe de ne pas dissocier la structuration organisationnelle du mode de planification logistique opérationnelle sous peine d'engendrer des incohérences et dysfonctionnements graves dans la pratique quotidienne.

De façon plus ou moins implicite, toutes les firmes industrielles et commerciales possèdent un système d'organisation logistique. Aussi, peut-on essayer d comprendre leur évolution et d'établir une sorte de typologie des structures d'organisation observées, avant d'en repérer le positionnement au sein des structures générales d'entreprise.

Il n'existe pas de réponse universelle quant au positionnement de la logistique dans la structure générale de l'entreprise et quant à son rattachement hiérarchique.

Les groupes importants d'activités industrielles et commerciales sont généralement dotées de structures divisionnaires, voire matricielles. A ce niveau, la prise en compte de la fonction logistique dans cette structure se manifeste de manière variée:

1er cas: il n'existe pas de fonction logistique rattachée à la direction du groupe. La mission est alors totalement décentralisée au profil de chaque division de produit, ou filiale. La question est alors de savoir quelle autre fonction assure la coordination des activités du groupe, et par la même le contrôle et la pérennité du pouvoir.

2ème cas: une structure est présente au niveau des fonctions centrales du groupe mais elle n'assure que les missions de coordination des grands flux ainsi que la recherche d'amélioration de productivité et de rationalisation des investissements en agissant comme prestataire interne de conseil en logistique (configuration fréquente dans le secteur grande distribution).

3ème cas: la structure logistique centrale gère l'ensemble des opérations physiques, toutefois chaque division conserve une cellule logistique qui lui est propre et qui assure fréquemment les missions de planification opérationnelles et de gestion des stocks. La structure groupe agit alors comme prestataire interne de services logistiques; cette configuration peut également correspondre à la filialisation es moyens.

4ème cas; la division logistique contrôle au profit de la direction du groupe la totalité de la manœuvre logistique agissant tantôt comme régulateur au niveau des unités de production, tantôt comme arbitre entre directions commerciales en cas de pénurie de produits. Plus encore que dans les autres cas, le système d'information apparait comme le pilier central sur lequel repose fondamentalement la viabilité de l'organisation logistique.

5ème cas: la mission logistique est entièrement comprise comme une partie intégrante du management de l'entreprise à chaque étape de prise de décision.

BIBLIOGRAPHIE

1. ANTRAIGUE, D., (2009) Contrôle de gestion et gestion prévisionnelle: la gestion des approvisionnements et des stocks.
2. Ballou R.H. (2007), The Evolution and Future of Logistics and Supply Chain Management, European Business Review, Vol.19, n°4, p.332-348.
3. BOURGUIGNON, A., (1993) Le Modèle Japonais de gestion, La Découverte.
4. BOUTCHICH, L-K. (2009) Gestion des stocks et approvisionnements, Université MOHAMMED 1er.
5. Caire, G. (2008). Vauban, la Défense et la cohésion de l'économie nationale. *Innovations*, 28, 149-175.
6. CRAMA, Y. (2002) Eléments de gestion de la production, école d'administration des affaires, Université de LIEGE.
7. DESIDERIO, M., (2017) Cours de Gestion de stocks et achats, Université de la RACHELLE.
8. Ebede E., (2010) cours d'initiation à la logistique.
9. FERNANDEZ, A., (2020) les tableaux de bord du manager innovant, une démarche en 7 étapes pour faciliter la prise de décision en équipe, éd. Eyrolles.
10. GAIGA, M. (2003) Cours de gestion des stocks: exercices corrigés.
11. GUEGUEN, la gestion des stocks, Montpellier 3.
12. KAMIANTAKO, A. (2016) cours de Recherche opérationnelle, FASE, UPC.
13. LOPEZ, P., Gestion de production, LAAS-CNRS, Toulouse.
14. NIANG, A, et GUEYE, C., (2007) Notions de gestion des opérations et de la production.
15. PILLET, M, COURTOIS, A, BONNEFOUS, P, et MARTIN-BONNEFOUS, C., (2011) Gestion de production: les fondamentaux et les bonnes pratiques, 5ème éd. EYROLLES.
16. Qmichchou M., (2017), logistique international, ISTA de Témara.
17. RENADEF (2011), Manuel de procédure et de gestion - Réseau National des ONGs pour le Développement de la Femme en RD Congo (RENADEF).
18. Rouquet, A. (2018). L'invention de la logistique par Antoine-Henri de Jomini. *Annales des Mines - Gérer et comprendre*, 133, 53-61.

19. SIRJEAN, S., (2013) Cours de gestion des stocks: exercices sur le pilotage des flux.
20. Sohier J. et Sohier D., (2017) Logistique: synthétique et opérationnel, ed. Vuibert, n°8.
21. Strale M., (2007) l'impact de l'environnement du développement de la logistique, mémoire de master Université libre de Bruxelles.
22. Tixier D, Mathe H, et Colin J., (2014) la logistique d'entreprise: vers un management plus compétitif, 2ème Edition, Dunod.
23. USAID PROJET DELIVER, (2011) Commande de prestation n° 4. *Manuel de logistique: Un guide pratique pour la gestion de la chaîne d'approvisionnement des produits de santé.* Arlington, Va.: USAID/PROJET DELIVER, Commande de prestation n° 4.

Table des matières

www.ingramcontent.com/pod-product-compliance
Lightning Source LLC
Chambersburg PA
CBHW070717220326
41598CB00024BA/3204